工业化进程中的职业教育

GONG YE HUA JIN CHENG ZHONG
DE ZHI YE JIAO YU

张原 著

知识产权出版社

全国百佳图书出版单位

图书在版编目（CIP）数据

工业化进程中的职业教育 / 张原著. — 北京：知识产权出版社，2016.6
ISBN 978-7-5130-4311-3

Ⅰ.①工… Ⅱ.①张… Ⅲ.①职业教育－研究－中国 Ⅳ.①G719.2

中国版本图书馆CIP数据核字（2016）第151319号

内容提要

　　中国工业化的进程中出现了物质资本和人力资本投资的不均衡现象，随着中国资本积累的逐步上升，物质资本对于工业化的约束下降，而人力资本总水平较低、结构不合理将成为工业化持续发展的障碍，人力资本的发展状况迫切要求中国工业化非均衡发展模式转型。人力资本推动经济发展的理论和历史表明，未来中国的工业化需要更加倚重人才培养。

　　责任编辑：李　娟

工业化进程中的职业教育

GONGYEHUA JINCHENG ZHONG DE ZHIYE JIAOYU

张原　著

出版发行	知识产权出版社 有限责任公司	网　　址：	http://www.ipph.cn
电　　话：010-82004826			http://www.laichushu.com
社　　址：北京市海淀区西外太平庄55号		邮　　编：	100081
责编电话：010-82000860转8594		责编邮箱：	aprilnut@foxmail.com
发行电话：010-82000860转8101／8029		发行传真：	010-82000893／82003279
印　　刷：北京中献拓方科技发展有限公司		经　　销：	各大网上书店、新华书店及相关专业书店
开　　本：720mm×1000mm　1/16		印　　张：	14.75
版　　次：2016年6月第1版		印　　次：	2016年6月第1次印刷
字　　数：282千字		定　　价：	39.90元

ISBN 978-7-5130-4311-3

前　言

从 2002 年党的十六大部署新型工业化道路战略至今,中国新时期的工业化进程已稳步推进 10 余年,职业教育作为与工业化人才培养关系最为密切的教育类型,在这一时期也步入发展快轨。以 2002 年国务院《关于大力推进职业教育改革与发展的决定》为改革标志,职业教育近 10 年来得到了长足的发展,为工业化、信息化和产业结构升级提供了大量的实用技能型人才。然而,职业教育在新型工业化过程中是否充分发挥了劳动力资源优化配置作用? 职业人才的总量、结构和质量是否能够真正满足新型工业化的多维需求? 这些问题的回答有赖于对中国职业教育和新型工业化关系的客观评估。2012 年党的十八大明确提出 2020 年基本实现工业化的目标之后,对于当前乃至"十三五"时期如何推动职业教育体系建设,使之更适应新型工业化的要求,成为更加迫切的研究课题。2013 年习近平主席提出了构建丝绸之路经济带和 21 世纪海上丝绸之路的"一带一路"战略,预示中国产业分工合作范围将进一步拓展至亚欧等大多数地区,对劳动力资源的地区和产业优化配置提出了全新的挑战。在此背景下,借鉴德国等制造业大国的经验,大力发展现代职业技术教育,改善技术型人才的供给规模及结构,培养"大国工匠精神"成为应对中国经济上述问题的重要举措。

职业教育与工业化及经济结构转型的研究主要从总量匹配和结构匹配两个角度展开,前者主要以工业化进程、劳动力市场制度建设和全球化为契机,分析职业技术人才培养规模与市场总需求的匹配关系。职业教育规模一般会适应工业化进程,依据工业化阶段而经历"增长—扩张—高峰—调整—收缩"的过程,这一基本规律对职业人才的供求总规模起着决定性作用,中国目前已经进入传统意义上的工业化中后期,但是职业教育的规模和发展速度仍然与工业化的阶段性需求存在差距。劳动力市场的发展完善与职业教育的总量调适之间也存在密切的相关性,我国劳动力市场的城乡分割、体制分割和行业分割阻碍了职业人才总量供给的有效实现。随着中国参与全球分工的深化,承接全球产业链的主要环节使得中国的职业教育人才需求旺盛,保持产业工人的基础性比较优势有赖于中国职业教育的国际化进程。

结构性匹配的研究主要集中于产业、职业、城乡和区域结构等方面,分析职业教育的专业结构、层次结构、地区规模与劳动力市场需求的契合程度。一国的职业教育和第二产业就业规模之间存在高度的相关性,但是职业教育对其他产业的劳动力资源配置作用却一直未得到全面的研究,尽管在少量地区性调研中涉及职业教育专业结构与地方产业发展的关系,但较难反映全国的整体情况;并且随着中国制造业服务化和第三产业内部分化的加剧,职业教育如何与之相适应,也缺乏充足的经验证据。职业结构分类精细化要求从事某种特定职业的知识技能更加专业,但"学院式"的培养模式能否满足这种需求却备受质疑,尤其是近年来我国高校毕业生失业和就业质量下降现象突出,引发了教育类型和专业设置与职位需求结构错位的问题,但这类研究主要集中于高等本科教育,针对中、高等职业教育的分析较少。城乡和区域结构的匹配性研究主要从理论层面讨论职业教育资源的区域分布、互动关系和职业人才的地区间流动问题,并以部分地区为例进行经验研究,但较少结合国家整体区域发展战略进行实证分析。除此之外,随着中国发展重心开始从关注总量增长转向质量效益,职业人才还需要满足产业创新、生态协调、国家安全等内部经济发展品质提升的要求,而这些问题在已有研究中也较少涉及。

综上而言,中国职业人才的总量和结构是否能够适应新型工业化和结构转型的多维需求,有赖于对职业教育与劳动力需求关系的客观、全面和前瞻性的评估,探讨二者产生非适应性的原因,从而为职业教育政策调整提供相应的事实依据。

职业教育对于经济结构转型的推动作用主要体现在数量结构和质量素质两个方面,在不同的工业化时期,由于市场对劳动力的需求规模、结构分布和技能知识存在不同的要求,职业教育的劳动力资源优化配置作用经常处于动态变化过程之中。因此,当新型工业化理念替代传统工业化的阶段性概念之后,职业教育的作用也将被重塑,职业教育制度的发展方向成为一个十分重要的理论探讨话题,主要体现在:职业教育对于劳动力总量配置的阶段性规律发生怎样的变化,以及未来的趋势如何;职业教育对人才的结构性配置作用的重要是否发生改变,结构性矛盾主要发生在何处;职业教育体系如何适应新型工业化对人才质量的多维要求等。

工业化进程中的职业教育体系研究不仅仅具有理论意义,而且具有较高的实践性和历史性,无论是已经经历经还是正在经历工业化的国家,都有各自的成功的经验和失败的教训可以借鉴,总结职业教育体系、技能型人才总量和结构对工业化进程影响的各个方面和不同历史阶段的规律,从而建立更加稳健和扎实的经验研究基础也是本书的内容之一。对于中国而言,由于我国正在大力实施人才强国战略,发展新型工业化道路,帮助解决中国工业化过程和结构转型中出现的宏观经济外部失衡,投资和消费结构的非合理,产业结构转型升级阻碍,高污染高能耗产业的转型发展等都有赖于合理的人力资源投资和教育制度设计。虽然这些问题的解决本身有自已的一揽子政策,但是它们与技能型人力资本投资政策和职业教育发展战略之间的关系如何协调?怎样才能降低政策之间的相互冲突?实现政策之间的最佳互补优势?这就需要在实证研究的基础上,对技能型人力资本促进工业化发展的政策序列和战略规划进行深入分析。

本书以中国工业化进程中物质资本与人力资本的非均衡发展为切入点,研究经济失衡的基本逻辑,以及这种失衡带来的经济发展不可持续性,从而要求平衡投资方式,优化人力资本投资。对于职业教育和技能型人才促进工业化发展的经验,有许多发达国家可以借鉴,本书的第二章梳理了日本、韩国、中国台湾地区和欧洲部分国家的工业化和职业教育发展历史,收集相关历史数据和政策经验进行比较研究,实证分析和评价我国新型工业化过程中职业教育制度建设对人力资本投资的作用,比较职业教育体系、技能型人才总量和结构对工业化的不同影响,从而建立稳健和扎实的经验研究基础。以此为契机,第三、四章分别研究了中国的工业化进程中的职业教育发展历程,以及按照工业化的一般规律,目前中国职业教育与人才强国战略所存在的差距。基于中国的经验状况,通过文献和统计分析技职业教育和人才强国战略的实施规律和阶段性成果、问题及成因,研究职业教育人力资本总量、结构和质量对不同工业化阶段经济发展和结构转型的影响。第五章则研究了当前中国正在经历的新型工业化进程需要什么样的职业教育体系,帮助解决新型工业化过程和结构转型中存在的矛盾,两者差距未来的发展趋势,以及缩小差距的可能性和基本途径。六章则在政策评估和前文预测分析的基础上,提出职业教育促进工业化发展的政策选择和改革方向。

目　录

第1章 绪论:物质资本、人力资本与中国工业化的非均衡发展

中国工业化的过程表现为物质资本和人力资本投资的非均衡,随着中国资本积累的逐步上升,物质资本对于工业化的约束下降,而人力资本总水平较低、结构不合理将成为工业化持续发展的障碍,人力资本的发展状况迫切要求中国工业化非均衡发展模式转型。人力资本推动经济发展的理论和历史表明,未来中国的工业化需要更加倚重人才培养。

1.1 中国工业化的非均衡发展与人力资本投资

1.1.1 工业化与经济失衡的基本逻辑

经济可持续发展是当今世界各国追求的重要目标,持续推进经济发展方式转变,从而保持经济增长较高增速,并且促进经济结构逐步优化,则是一国实现这一目标的重要途径。改革开放以来,我国凭借劳动力富足等比较优势,实现了经济跨越式发展,1978—

2014年经济年均增长率达到9.8%[1]，在2008年金融危机中，中国仍保持9.6%以上的经济增速，引领世界经济快速复苏，推动世界经济格局嬗变，这一现象更被外界称为"中国模式"。

然而，反观近年来中国经济增长方式，经济增长的外部依赖明显偏强，贸易顺差从2000—2003年均不到230亿美元增长到2014年的23500亿美元[2]，经常账户收支盈余占GDP比重在世界主要国家中居于首位（见图1-1）。经济增长的外部依赖导致宏观经济稳定性易受外界影响，而且成为国际贸易争端上升、人民币汇率升值压力加大的重要原因。胡锦涛同志在2010年G20韩国首尔峰会上强调了推进世界经济强劲、可持续、平衡增长的远景目标，"十二五"规划也明确提出促使中国国际收支趋向基本平衡[3][4][5]，"十三五"规划建议则进一步指出加强国际收支监测，保持国际收支基本平衡，国际收支平衡的目标内生要求中国经济发展方式转变。

---

[1] 中华人民共和国国家统计局[EB/OL].(2015-01-01)[2016-04-22].http://data.stats.gov.cn.

[2] 中华人民共和国海关总署[EB/OL].http://www.customs.gov.cn.

[3] 胡锦涛.再接再厉共促发展[EB/OL].(2010-11-12)[2016-03-05].http://news.xinhuanet.com/world/2010-11/12/c_12766973.htm.

[4] 中华人民共和国国民经济和社会发展第十二个五年规划纲要[EB/OL].(2011-03-16)[2016-04-28].http://news.xinhuanet.com/politics/2011-03/16/c_121193916.htm.

[5] 中共中央关于制定国民经济和社会发展第十三个五年规划的建议[EB/OL].(2015-11-03)[2016-05-22].http://politics.people.com.cn/n/2015/1103/c1001-27772701.html.

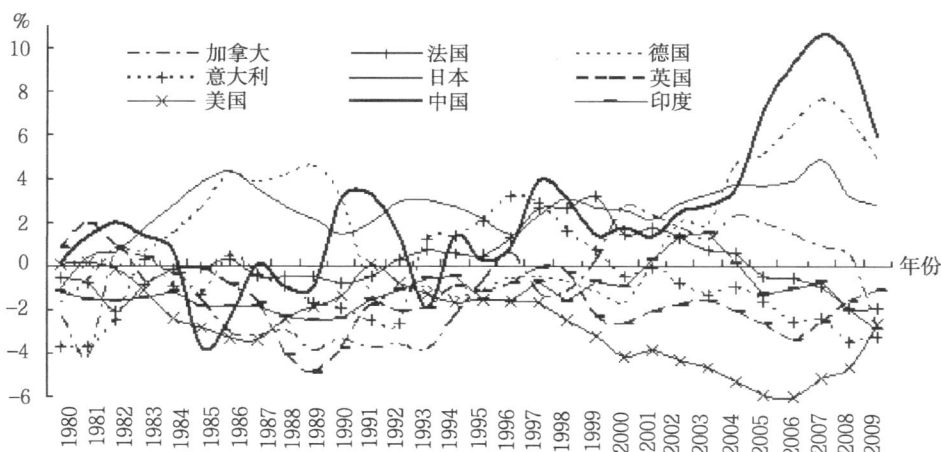

图1-1　世界主要国家经常账户收支盈余占GDP比重❶

对于中国而言,潜在的问题是如何通过经济发展方式的转变助推外部平衡。分析外部失衡的基本逻辑可以发现,中国工业化进程伴随"物质资本投资偏高→工业产能过剩→国内需求不足→出口外部依赖"的内在逻辑,解决外部失衡的根源在于提振内需,但构成内需的投资处于偏高状态,因此扩大国内消费成为降低经济增长外部依赖最为可行的途径。然而,如何提升消费对经济增长贡献的相对水平呢?人力资本投资在其中起到了关键性作用:首先,决定消费的重要因素之一是收入,而人力资本提高是促进个人收入增长的根本途径;其次,人力资本提升有助于改善劳动力和资本要素的结合方式,实现从低技能劳动力和要素依赖型经济向技术和知识密集型经济转变,促使人力资本对经济增长的贡献增强,推动劳动收入占国民收入比重上升;最后,人力资本投资的相对提升有助于降低物

❶ IMF 数据库.世界主要国家经常账户收支盈余占GDP比重[EB/OL].(2016-01-01)[2016-04-22].http://www.imfstatistics.org.

质资本投资过高的状态,从而有助于解决低水平产能过剩问题。

1.1.2 人力资本总量结构非均衡特征

改革开放以来,我国经济保持快速发展,但对于人力资本投资的上述重大作用却并没有得到足够重视,人力资本呈现非均衡发展的特征。

首先,劳动力资源丰富与人力资本短缺并存,劳动力众多与低素质劳动力比重过大并存。我国就业人口从1978年的40152万人增加到2014年的77253万人[1],劳动力资源丰富,但是由于教育水平低下,低素质人口占有相当比重。我国文盲和半文盲劳动力比例直至2009年才下降至5%以下,2012年仍有2%的劳动力为文盲半文盲,小学和初中文化程度的占到了19.0%和48.3%,具有高中及以上文化程度的劳动者比重仅占30.8%(见图1-2)。

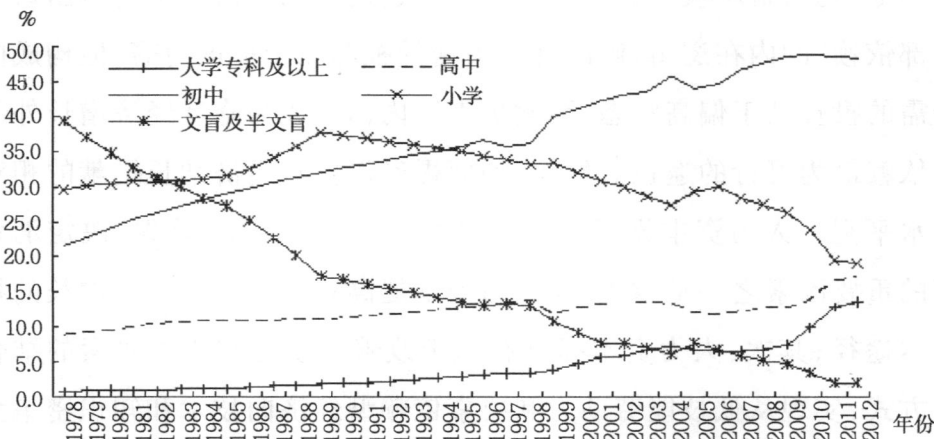

图1-2 中国各类受教育水平劳动力比重[2]

---

[1]中华人民共和国国家统计局[EB/OL].(2015-01-01)[2016-04-22].http://data.stats.gov.cn.

[2]中华人民共和国国家统计局[EB/OL].(2015-01-01)[2016-04-22].http://data.stats.gov.cn.

其次,相对经济增长率而言,人力资本总量与人均人力资本存量低位徘徊并且增速呈放缓态势。尽管人力资本总量[1]和人均人力资本存量不断上升,但从发展趋势来看,20世纪90年代以前,两者年均增长率分别为5.10%和2.08%,之后分别下降到年均2.08%和1.06%,在2000年之后则呈现非稳定波动(见图1-3),并且其增长率在大部分时间都小于物质资本增长率。劳动力作为构成经济增长人口红利的基础,如果普遍具有较高的人力资本水平,就可以形成经济增长的技术引擎,但是由于人力资本投资的滞后,我国丰富的一般劳动力一直未能转化为高效的专用人力资本。

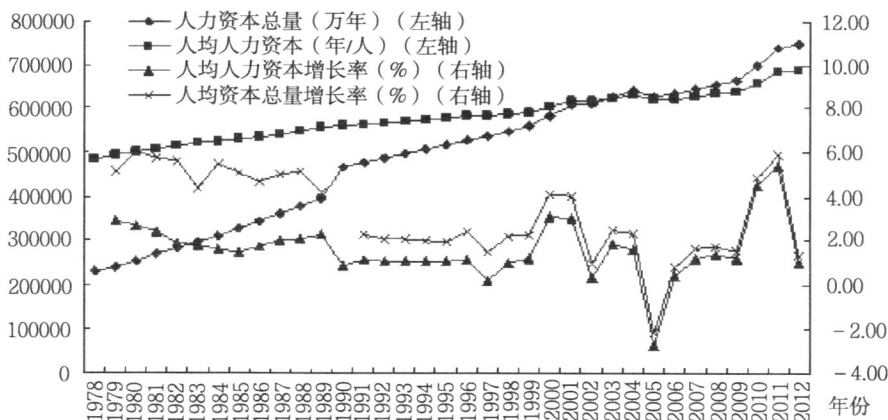

图1-3 中国人力资本存量及增长率[2][3]

---

[1] 以受教育年限来计算人力资本总量,方法如下:人力资本总量=16×大学专科及以上就业人数+12×高中就业人数+9×初中就业人数+6×小学就业人数+2×文盲半文盲人数。

[2] 中国资讯行.中国人力资本存量及增长率[EB/OL].(2016-01-01)[2016-04-22].http://www.infobank.cn.

[3] 中华人民共和国人力资源和社会保障部.中国人力资本存量及增长率[EB/OL].(2016-01-01)[2016-04-22].http://www.mohrss.gov.cn/.

最后,中国人力资本的供求失衡、结构性矛盾突出,人力资本供给与经济需求结构性失衡,人力资本投资结构与人才的经济需求结构错位。"民工荒""技工荒"与大学生就业难问题的并存,高校毕业生就业和专业的实际对口状况大相径庭,一系列情况表明空缺职位与人力资本供给存在严重的不匹配,岗位大多是需要专门知识或技能的,而闲置的劳动力又基本上没有专门知识和技能,或者所拥有的专业人力资本不能与岗位要求的知识技能相匹配,人力资本供求双方无法在市场上找到契合点。这意味着人力资本投资的主要渠道——教育、培训、劳动力迁移和工作变更等出现了无法适应需求的状况。近些年来,非技术劳动力需求小于供给的现象比较显著,具有技术等级的劳动力均呈现供不应求的状况,并且技术等级较高的劳动力其供给不足的状况更为显著,技能型劳动力无法满足市场需求。随着产业结构的进一步升级,技能型劳动力存在供给瓶颈的状况在短期内很难得到有效缓解。高等教育专业设置与市场需求错位、课程设计内容转型缓慢、知识传授和能力培养失衡、应用型教育与研究型教育非均衡等问题均成为人力资本投资结构失衡的重要成因。

1.1.3 物质资本与人力资本投资失衡及影响

中国的工业化大幅度提升了经济增长水平,也对经济结构,经济运行质量和效益产生了重要影响,随着传统工业化带来的问题日益显现,中国经济发展对降低消耗、改善资源和生态环境及经济、社会、自然协调发展等问题的重视程度也逐步加深。

物质资本与人力资本构成经济发展方式的两个内容,经济增长需要物质资本与人力资本数量的增加和质量的提升,尤其需要两种资本的相辅相成和相互促进。然而,人力资本非均衡特征制约了其对经济发展的贡献,并且构成了我国经济可持续增长的主要矛盾。比较世界主要国家物质资本与人力资本的状况可以发现,我国注重物质资本投资而忽视人力资本投资优化的情况比较突出(见图1-4)。2001—2008年,我国资本形成总额占GDP比重均值为38.6%,在统计的国家中处于最高水平,而受高等教育人数比重为6.55%,在统计的国家中处于较低水平。物质资本和人力资本匹配程度不仅低于世界主要发达国家,也低于大多数的发展中国家。

从人力资本投资总额来看,1994—1997年我国教育投入增长率经历了一个持续下降的过程,之后基本维持在年均17%的增长水平,没有持续增长;政府教育投入增长率则呈现一个平缓的U形发展过程,到2005年之后才开始出现略微的增长;而居民教育投入增长率则表现为持续下降,对整体教育投入的增长率没有起到正向的作用。这样一种教育投入增长率变动状况与我国同期国民收入分配方式存在一定的相关性,从20世纪90年代中期开始,我国居民收入份额持续下降,其增长率基本表现为负,收入份额的缩小,使得家庭的私人人力资本投资支出负担相对加重,制约了教育投入中私人投入的增长;政府收入在国民收入中的份额尽管表现为逐年增长,但是由于政府教育支出并未随政府收入同步增长(见图1-5),因此对于居民教育投入增长缺失的弥补仍然不足。

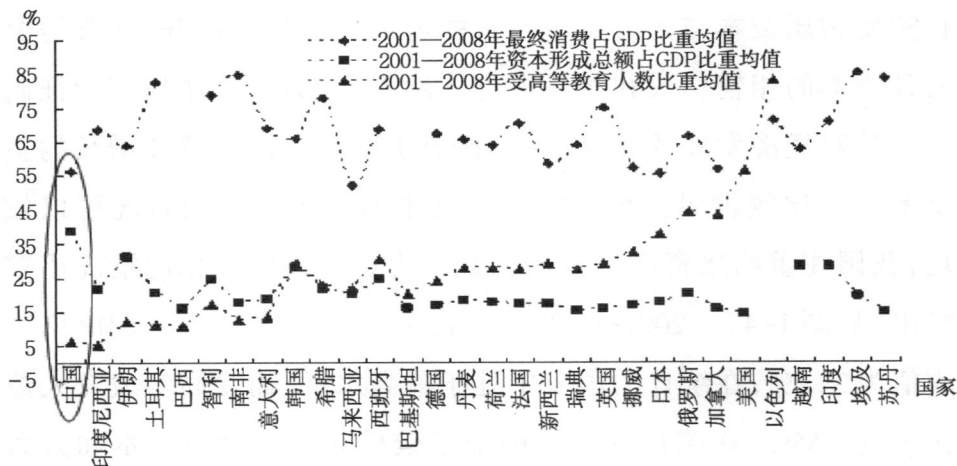

图1-4　世界主要国家资本形成总额、最终消费占GDP比重及

受高等教育人数比重均值❶❷

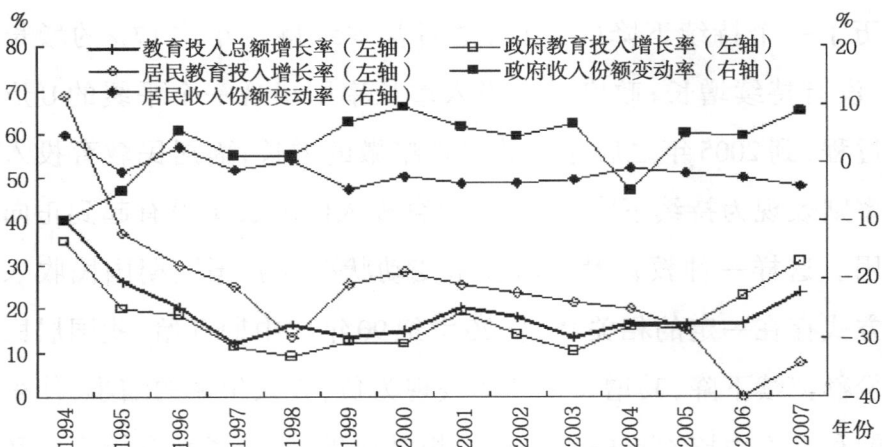

图1-5　政府与居民收入份额变动率和教育投入增长率❸

❶ 世界银行数据库.世界主要国家资本形成总额、最终消费占GDP比重及高等教育
人数比重均值[EB/OL].(2016-01-01)[2016-04-22]. http://www.econ.worldbank.org.

❷ 国际劳工组织数据库.世界主要国家资本形成总额、最终消费占GDP比重及高等
教育人数比重均值[EB/OL].(2016-01-01)[2016-04-22].http://www.ilo. org.

❸ 国家统计局.中国统计摘要2010[M].北京:中国统计出版社,2010.

从人力资本投资结构来看(见图 1-6),从 1993 年到 2007 年,由政府进行的教育投资份额从 81.9% 下降到了 68.2%,公共教育经费占国民生产总值的比例仅为 4% 左右,而世界平均水平为 6%,许多发展中国家,如埃及、巴西、墨西哥等都比我国高。同时期居民教育投入的份额则从 8.2% 上升到 17.5%,社会教育投入的份额从 9.9% 上升到 14.3%,居民、企业和社会其他非政府单位的人力资本投资负担不断加重,这一状况与其收入份额不断下降的状况极不相称。改善我国人力资本与物质资本投入的比重必须使政府应承担更多的人力资本投资责任,降低家庭教育投资的负担,尤其对于家庭收入较低的贫困地区,或学费负担较重的贫困家庭,政府需要增加更多的人力资本投资补贴,从而使得中国的人力资本投资能够在整体经济普遍增长的情况下持续增长。

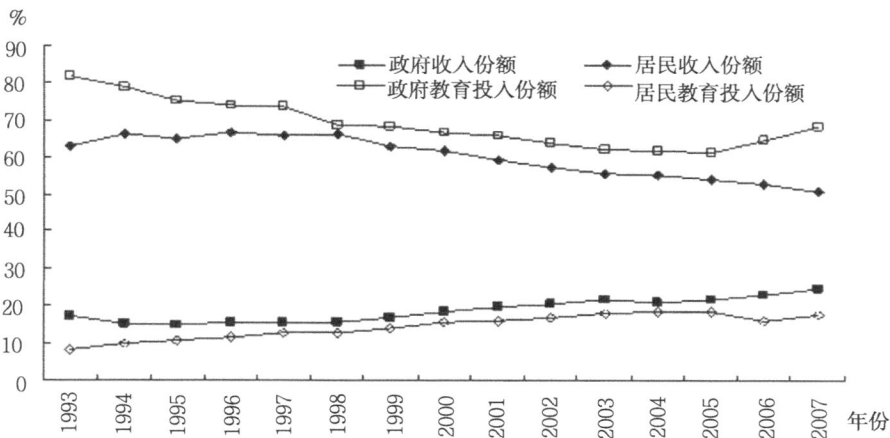

图 1-6 政府与居民收入份额和教育投入份额[1]

---

[1] 中华人民共和国国家统计局.政府与居民收入份额变动率和教育投入增长率[J].中国统计年鉴.1994—2007.

我国人力资本的总量状况和结构配置集中体现了工业化发展的非均衡特征,这对中国30多年的经济增长和产业结构转型产生了重要的影响。从经济增长角度来看(见图1-7),1978—2008年中国实际GDP增长率与实际资本形成总额增长率之间具有显著的正相关关系,几乎每次经济高涨都伴随着物质资本投资的大幅增长,经济低迷也伴随着物质资本投资的迅速收缩;而人力资本增长率与GDP增长率波动几乎没有相关性。

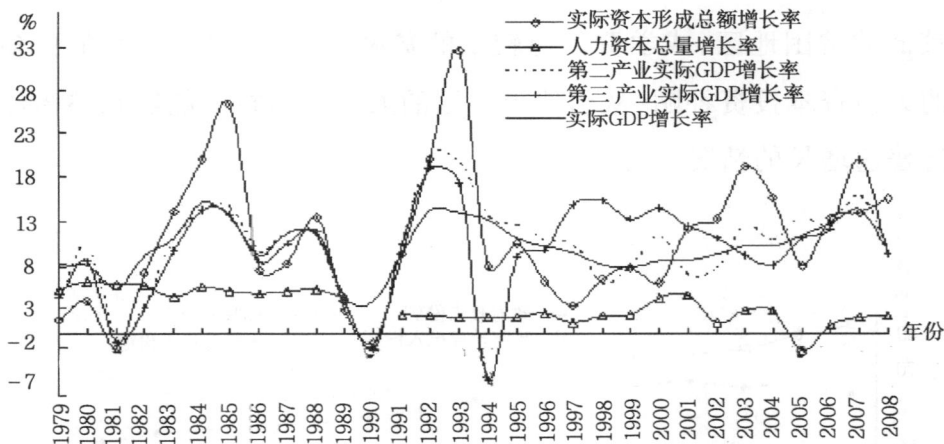

图1-7 中国实际GDP、第二、三产业实际GDP、物质资本和人力资本增长率[1][2]

从经济结构变动角度来看(见图1-8),第二、三产业实际GDP增长率与实际资本形成总额增长率的波动状况也存在一定的相似

---

[1] 世界银行数据库.中国实际GDP、第二、三产业实际GDP、物质资本和人力资本增长率[EB/OL].(2016-01-01)[2016-04-22]. http://www.econ.worldbank.org.

[2] 国际劳工组织数据库. 中国实际GDP、第二、三产业实际GDP、物质资本和人力资本增长率[EB/OL].(2016-01-01)[2016-04-22].http://www.ilo. org.

性,第二、三产业产值占比的变动率变动幅度较GDP小,但也与实际资本形成总额增长率具有正相关性,而人力资本总量增长率与结构变动指标之间的关系仍不显著。无论是从总量增长率还是结构化特征来看,人力资本投资与中国工业化发展之间的关系并不密切,工业化发展单边倚重物质资本投资,"一条腿短,一条腿长"的状况显著。

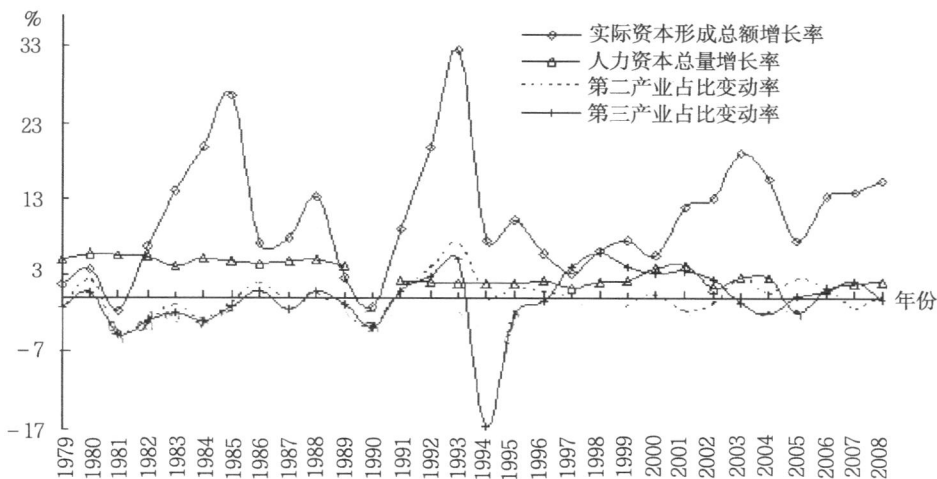

图1-8 第二、三产业产值占比变动率、物质资本和人力资本增长率[1][2]

1.2 非均衡的工业化进程不可持续

对于落入低水平陷阱的中国人力资本投资而言,要继续保持经济快速增长,只能依赖要素的粗放式投入。然而,经过多年非均衡

❶ 世界银行数据库.中国实际GDP、第二、三产业实际GDP、物质资本和人力资本增长率[EB/OL].(2016-01-01)[2016-04-22]. http://www.econ.worldbank.org.

❷ 国际劳工组织数据库.中国实际GDP、第二、三产业实际GDP、物质资本和人力资本增长率[EB/OL].(2016-01-01)[2016-04-22].http://www.ilo.org.

发展,"轻人力资本、重物质资本"的增长模式带来的负面影响日益突出,促使人们反思中国工业化非均衡发展的可持续性。

1.2.1　物质资本对工业化的制约下降

物质资本和人力资本的投资权衡对于非均衡增长模式的发展方向具有决定性作用,作为支撑经济发展的两大要素之一,资本未来将不会成为中国经济增长的瓶颈,这主要来自两方面的事实。

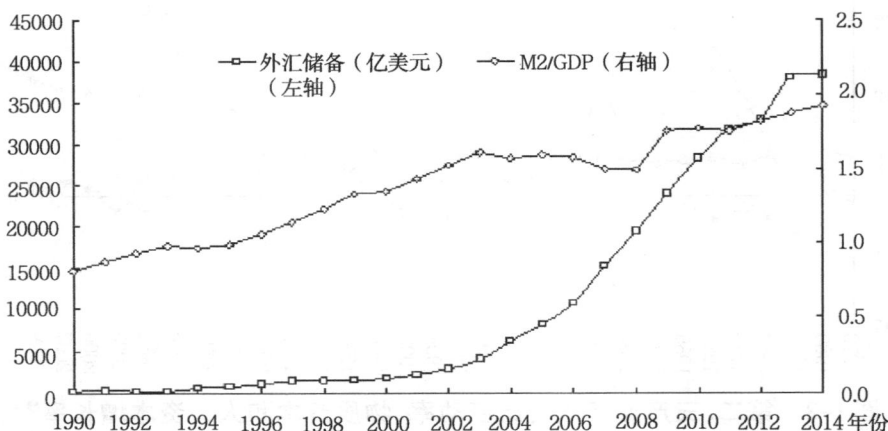

图1-9　中国外汇储备与M2/GDP[1][2]

其一,从外部购买能力来看,我国外汇储备从2004年6099.3亿美元飙升至2014年的38430.2亿美元,10年间净增加32330.9亿美元,年均增长率达到了23.6%(见图1-9),国际支付能力大大增强。

❶ 世界银行数据库.中国实际GDP、第二、三产业实际GDP、物质资本和人力资本增长率[EB/OL].(2016-01-01)[2016-04-22]. http://data.worldbank.org.cn/.

❷ 国际劳工组织数据库.中国实际GDP、第二、三产业实际GDP、物质资本和人力资本增长率[EB/OL].(2016-01-01)[2016-04-22].http://www.ilo.org.

其二,从国内资本形成基础来看,中国的货币供应量 M2 与 GDP 之比在 1985 年仅为 53.7%,在 1996 年突破了 100%,2014 年已经跃升到 193%,在经合组织(OECD)主要成员方及大型发展中国家中已经高居榜首见(见图 1-10),这一发展趋势表明,我国国内货币供给较为宽松,可使用的国内资本总量也相对充裕。随着中国对外开放的步伐和体制改革的进程的进一步深化,内外部资本的供给量不会有显著的下降趋势,因此从持续增长的资本角度来看,非均衡增长方式未来仍有维持的可能性。

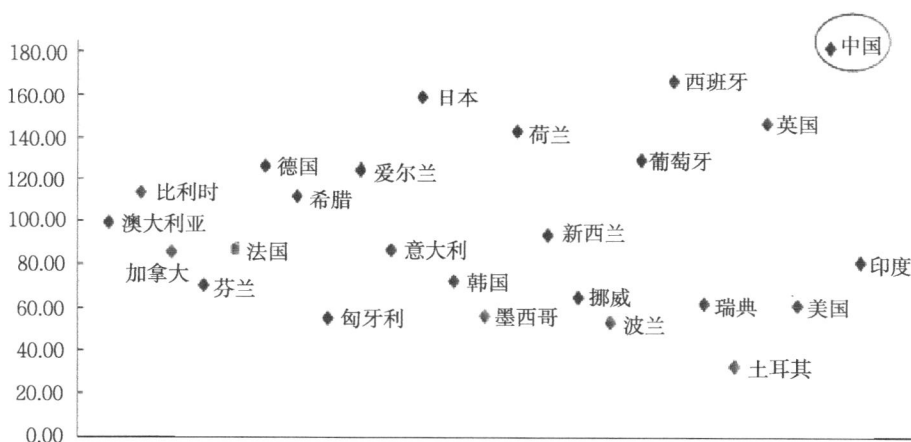

图 1-10　主要 OECD 国家与中国、印度的 M2/GDP[1]

1.2.2　人力资本要求非均衡工业化的转型

与物质资本的状况不同,多年以来非均衡发展方式赖以存在的另一个要素——劳动力的状况目前已经呈现出新的发展趋势,并且

---

[1] IMF 数据库.主要 OECD 国家与中国、印度的 M2/GDP[EB/OL].(2016-01-01)[2016-04-22]http://www.imfstatistics.org.

将成为发展方式转型的重要动因。随着多年来计划生育政策的实施和人口结构自身的周期性转变,我国的劳动力总量供大于求的状态已不复出现,人口扶养比的走势表明(见图1-11),从"十二五"时期开始,我国的少年抚养比持续下降,老年抚养比不断攀升,青壮年劳动力的"蓄水池"将面临输出增加而输入下降的态势,总抚养比在中长期内都将处于上升区间,人口老龄化的趋势十分明显。劳动年龄人口的下降虽然可能有助于解决多年来困扰中国劳动力市场的就业问题,但是随之产生的劳动力基础缩减将使得非均衡发展方式难以为继。

从城乡劳动力转移状况来看,支撑我国非均衡增长方式的劳动力主要来源——农村劳动力已经出现了重要的转折(见图1-12),农村劳动力存量于20世纪90年代末期达到4.9亿的峰值之后,出现了逐年递减的趋势;农村外出务工人员的增量在2000年达到2.3亿的最高值,但近10年间均出现了迅速递减的态势,外出务工人员的总量和比重增长趋势已经明显下降。未来20~30年将是劳动力结构变动促使经济发展方式转型的关键时期。

随着人力资源对于工业化发展制约作用的显现,经济增长更多需要依赖于集约化增长模式,而逐步摒弃原有的粗放式发展模式。集约型发展的主要特征是技术进步和劳动生产率提高推动经济增长,因此可以用技术进步对产出的贡献率水平来判断经济发展方式的阶段;当贡献率水平低于30%时,经济增长依靠非技术进步因素支撑,属于粗放型发展阶段;当贡献率超过50%时,技术进步的因素开始成为产出增长的主要动力,属于集约型经营阶段;当贡献率水平处于30%~50%之间时,为粗放型向集约型变化的转型阶段。用这一指标来衡量可以发现,西方发达国家大约在19世纪中期开始走上转型之路,20世纪中期基本完成集约型转换,日本则在20世纪50年代到70年代迅速实现这一转变,而作为"亚洲四小龙"的新加坡、中国香港特区和台湾地区则于20世纪80年代实现了经济发展方式的转变[1]。目前,发达国家的技术进步贡献率大约都在70%以上,在发达国家100美元的产值中物质成本只占20%~30%,其余70%~80%都是科技文化创造的,新产品、新技术已经成为支撑经济发展的重要力量和主要动力源泉。对比中国可以发现,我国对外技术依存度目前仍然达50%以上,而发达国家都在30%以下,美国、日本则仅为5%左右,占固定资产投资40%的设备投资中,有60%以上要靠进口来满足,高科技含量的关键设备基本上依赖进口。这意味着人力资本推动中国工业化发展的空间仍然非常巨大,而且较为紧迫。

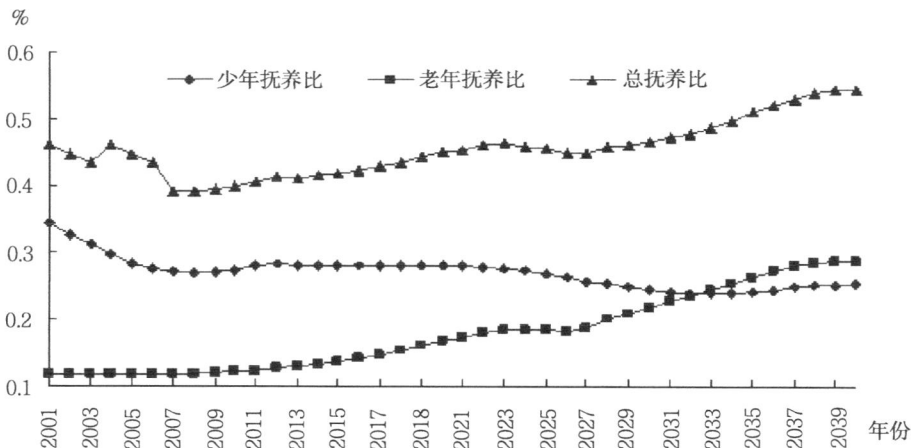

图1-11 中国人口抚养比走势[2]

---

[1] 王保安.中国经济发展与方式变革[M].北京:人民出版社,1997.

[2] 周渭兵.未来五十年我国社会,抚养比预测及其研究[J].统计研究,2004(11):35-38.

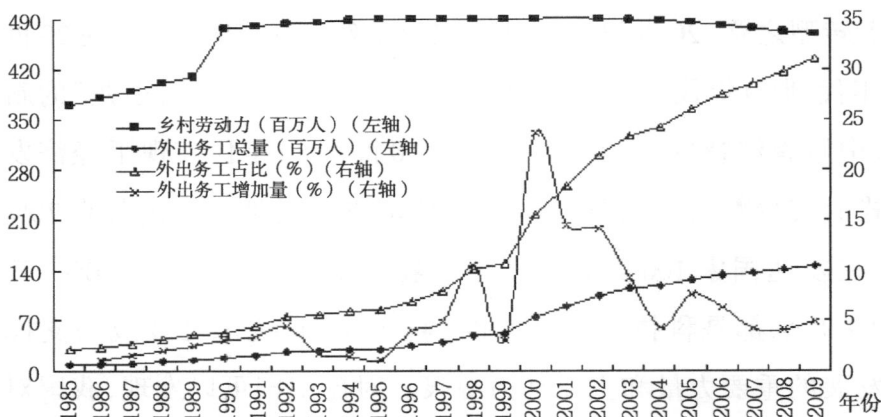

图1-12 中国乡村劳动力总数和转移状况[1][2]

1.3 优化人力资本投资推动工业化

1.3.1 人力资本投资推动经济发展的理论和历史

经济增长需要依赖于物质资本与人力资本数量上的增加和质量上的提高,并且尤其需要两种资本的相辅相成和相互促进。一国在经济增长过程中,如果只进行物质资本投资,不进行人力资本投资,即使它能够获得先进的物质资本,也会由于缺乏合格的技术人才、管理专家和操作人员,而使物质资本投资不能够充分发挥作用,降低投资效率。在这种情况下,物质资本投资越多,它与人力资本

---

❶ 国家统计局农村社会经济调查司.中国农村统计年2006[M].北京:中国统计出版社,2006.

❷ 国家统计局.农民工检测调查报告2007—2009[EB/OL].(2010-01-09)[2016-01-22].http://www.stats.gov.cn/tjfx/fxbg/index.htm.

投资的差距就越大,从而物质资本投资的边际效率就越低,新增加的物质资本投资对经济增长的贡献也就越少,经济增长必然要采取资本投入多、有效产出少、经济效率低的粗放型方式。相反,如果只进行人力资本投资而没有相应的物质资本投资,经济中也会由于缺乏必要的生产资料与凝结了较多人力资本的劳动力相结合,而导致人力资本相对过剩,使那些受过较多教育和训练的劳动力只能从事简单劳动,并出现失业现象。这样,人力资本投资越多,其投资边际效率也就越低,缺乏物质资本便成为制约经济增长的主要因素。❶

关于人力资本对于一国经济发展的作用研究可以追溯到人力资本与经济增长关系的分析。早在18世纪,英国经济学家亚当·斯密❷在当时已关注到人力资本在经济增长中的重要作用,斯密曾明确提出:一个国家人民的技能、特长和知识,是这个国家经济增长最强大的机器。19世纪40年代,德国经济学家弗里德里希·李斯特(1961)❸也提出了"物质资本"与"精神资本"的概念,他认为,通过教育投资可以使人掌握技艺,最终提高劳动生产率,获取更多的产出。从20世纪50年代开始,西方经济学家更加重视对人力资本投资对经济增长作用机制的分析,索洛(1999)❹研究发现物质资本的贡献并不能完全解释一国的经济增长,在各国经济增长的成果存在

---

❶ 杜两省.人力资本投资必须与物质资本投资相适应[J].学习与探索,1996(5):36-42.

❷ 亚当·斯密.国民财富的性质和原因的研究[M].北京:商务印书馆,1974.

❸ 弗里德里希·李斯特.政治经济学的国民体系[M].北京:商务印书馆,1961.

❹ 罗伯特·索洛.经济增长因素分析[M].北京:商务印书馆,1999.

一个残差无法用物质资本来解释,原因在于过去的研究和政策只强调了物的因素,忽视了人的因素,而实际上人力资本因素对经济增长具有关键作用;西奥多·舒尔茨(1990)❶则在20世纪60年代正式提出了人力资本投资概念和人力资本理论,他认为国家可以通过对卫生、教育等方面的投资,增强人的智力、技能和体质,而人力资本可以产出"知识效应"与"非知识效应"来直接或间接地促进产出的增长;卢卡斯(2003)❷则将舒尔茨的人力资本与索洛的技术进步概念结合起来,具体化为专业化的人力资本,提出了将人力资本因素真正内生化的经济增长理论,他认为专业化的人力资本的积累是经济增长的真正源泉,正是由于各国在人力资本方面的差异才导致了各国经济增长的差异。

与物质资本对经济增长的贡献相比,人力资本在促进经济发展及经济发展方式转变中的作用更具有持续性和生命力,世界各国在第二次世界大战后不同的发展道路就显著地说明了这一点。一些国家注重物质资本积累的战略,形成的资本结构是物质资本相对充裕,人力资源短缺,这些国家虽然在一定时期赢得了资本密集型产品生产的相对优势,但其经济增长带来的负面影响也相对较大,导致经济过度依赖物质资本投资,成为值得其他国家引以为戒的经验教训。另一些国家则注重人力资本积累的战略,适当调整物质资本方面的提供而大力发展人力资本投资,从而获得了技术密集型产品生产方面的相对优势,最终成为经济发展的强劲引擎,比如从战败废墟中迅速崛起为经济强国的日本和德国,其发展的重要原因就在

---

❶ 舒尔茨.论人力资本投资[M].北京:北京经济学院出版社,1990.

❷ 卢卡斯.经济发展讲座[M].南京:江苏人民出版社,2003.

于两国在经济艰难时期仍然重视国民素质和教育水准的提高,人力资本开发和投资始终受到高度重视;同样,美国大力通过学校教育来培养技术力量及借用他国的技术力量积累本国人力资本存量的战略措施,为美国成为战后经济、科技大国奠定了基础。能否及时转变经济发展战略,适时从物质资本依赖型转向人力资本导向型,对一国的经济发展具有决定性作用,20世纪六七十年代不同国家的经验表明,注重人力资本密集战略的国家和地区,实际人均国民生产总值平均增长率为4.68%,而实施物质资本积累战略的国家则为3.86%,并且进入80年代以后,这一差距进一步扩大。❶

中国的工业化进程和经济发展离不开人力资本投资的增长,工业化从非均衡方式转向均衡的过程与人力资本投资的关系也密不可分。其一,经济发展需要由依靠投资、出口拉动向依靠消费、投资、出口协调拉动转变,由于收入水平与人力资本水平之间具有密切的正向关系,由此实现上述转变的关键是提高人力资本要素回报率,从而提升消费对经济增长的促进作用。其二,经济发展需要由依赖第二产业带动向依靠三大产业协同带动转变,而实现产业结构的转型升级,发展现代化的工业体系,需要依赖人力资本投资的总量增长和结构改善。其三,经济发展由主要依靠物质资本消耗向主要依靠科技进步、劳动者素质提高和管理创新转变,技能型人才的培养离不开各种类型和层次的人力资本投资。无论从内外部协调发展,还是从产业结构转型和技术升级的角度来看,人力资本都将成为经济发展方式转型的先行条件和必要条件。

---

❶ 赵曙明,陈天渔.经济增长方式转型与人力资本投资[J].江苏社会科学,1998(1):10-13.

1.3.2　人力资本投资推动工业化发展的主渠道

人力资本投资在推动工业化进程和均衡发展的过程中具有主导地位,其重要发挥作用的主要渠道有以下几种。

首先,人力资本的提高可以节约和替代投入生产过程中的物质资本数量和低技能劳动力数量,从而提高资本利用率和劳动生产率。这一机制的作用一方面是因为随着劳动者素质的提高,投入生产的有效劳动供给增长,产出中的劳动贡献份额增加;另一方面源于劳动者素质的提高使得劳动者能够更加有效地运用各种精密和复杂的机器设备,从而改善物质资本的使用效率,推动资本节约型和技术密集型产业的发展。

其次,人力资本的提高能够有力地促进科技的发展,从而发挥综合要素生产率对产出的作用。在科学技术的发明阶段,高素质劳动力能提出新思想,分析新原理,创造新方法;在创新阶段,高素质和具有企业家精神的人才能够将科技与生产、商业相结合,使得科学技术转化为有效的生产力;而在扩散阶段,科技在生产中的大规模运用也需要大量的高素质管理人员和技术工人进行消化、吸收。经济发展有赖于人力资本投入,科学家、技术人员、企业家、管理人员和技术工人的培养都需要人力资本投资作为保障。

再次,人力资本的积累具有一定的聚集效应和规模效应,能够跨出地域和国界,在全球范围内吸收和组合各种生产要素,从而发挥国家比较优势、弥补本国资源不足,推动一国的经济增长。与物质资本相比,人力资本具有更高的能动性,这种自主和能动性可以使得人力资本在全球范围内组合其他各类资本,从而为一国的经济发展取长补短,这是其他物质资本要素所不具有的特征。

最后,人力资本的提高能够改善生产技术关系,从而使用同等水平或者更少的资源数量,获得更高的产出,并且同时降低生产的外部性。经济增长方式转变的核心是要求以节约资源的方式进行生产,降低生产对资源和能源的损耗,生产技术关系的改善能够降低国民经济各部门之间的直接消耗和间接消耗,而这一过程的实现必须依靠技术管理和生产管理模式的改进,人力资本在其中仍然起到了关键性的作用。

第 2 章　工业化的职业教育的历史经验

　　在推动工业化的过程中,技能型人才的培养必不可缺,这在许多工业化国家的发展历史中都得到了印证。本章将在考察德国、日本、美国、欧洲、亚洲部分国家和地区工业化进程、共性技术发展战略和职业教育发展历程的基础上,总结发达国家和地区的规律与经验模式,对比研究中国职业教育中存在的问题,提出未来职业教育的发展规模和制度体系的改革方向。

2.1　工业化进程中的产业和职业结构变动

　　工业化进程一般表现为工业占经济总量比重逐步提高、制造业内部的产业结构逐步升级、工业部门就业的劳动人口比例增加、城市化率上升和人均收入增加等(见表2-1),因此,大致可以按照这些特征将不同国家的工业化发展进程进行划分。发达国家和地区在其工业化进程中一般都伴随着职业教育的规模扩张。

表2-1　工业化进程阶段划分

基本指标		前工业化阶段	工业化初期	工业化中期	工业化后期	后工业化阶段
人均产值	1964年（美元）	100~200	200~400	400~800	800~1500	1500以上
人均产值	1996年（美元）	620~1240	1240~2480	2480~4960	4960~9300	9300以上
	2000年（美元）	660~1320	1320~2640	2640~5280	5280~9910	9910以上
	2010年（美元）	827~1655	1655~3310	3310~6620	6620~12412	12412以上
三次产业产值结构		A>I	A>20%，A<I	A<20%，I>S	A<10%，I>S	A<10%，I<S
制造业增加值占比		20%以下	20%~40%	40%~50%	50%~60%	60%以上
人口城市化率		30%以下	30%~50%	50%~60%	60%~75%	75%以上
第一产业就业占比		60%以上	45%~60%	30%~45%	10%~30%	10%以下

资料来源：依据陈佳贵等（2006）[1]、郭克莎（2004）[2]、魏后凯等（2003）[3]的有关资料整理，表中A、I和S表示第一、第二和第三产业产值比重。

2.1.1　德国-日本的结构变动

德国与日本的产业、职业就业结构变动分别描述为图2-1到图2-4，从中可以发现，两国均在20世纪六七十年代开始退工业化进程，日本略晚一些，两国的产业就业结构变动过程具有自身的特点。第二产业就业比重虽然下降，但是速度相对较慢，到2000年仍

---

[1] 陈佳贵，黄群慧，钟宏武.中国地区工业化进程的综合评价和特征分析[J].经济研究，2006（6）：4-15.

[2] 郭克莎.中国工业化的进程、问题与出路[J].中国社会科学，2004（1）：5-11.

[3] 魏后凯，等.中国西部工业化与软环境建设[M].北京：中国财政经济出版社，2003.

然保持了30%以上的就业比重;各项服务业的增长与英、美国家相比较为缓和,日本一直保持了配送性服务业最高的服务业就业比重,德国的社会和个人服务业就业比重总和在20世纪90年代中期超过了第二产业,但其他各项服务业发展目前已趋缓和,超过第二产业就业比重的可能性不大,这与英、美国家的状况有显著差异。这样一种产业就业结构被称为"德国-日本模型"[1]。其特征是"扩张先进服务业,同时维持制造业的基础,但是将某些服务活动内化于工业部门之中。……路径比较紧密地连接制造业和生产性服务业,社会服务业就业的增加比较谨慎,并维持着配送服务业。"

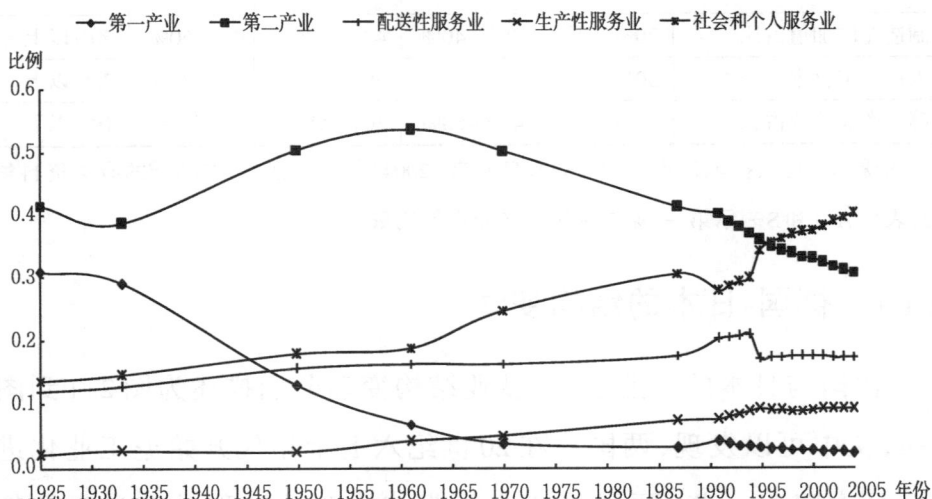

图2-1　德国产业就业结构变动[2]

❶ Castells,M.The Rise of the Network Society[M].U S:Black Well Publishing,2000.

❷ 世界银行数据库.德国产业就业结构变动[EB/OL].(2016-01-01)[2016-04-22]. http://www.econ.worldbank.org.

图例：
- ◆ 立法者高级官员和管理人员
- ■ 专业人员
- ▲ 技术和辅助专业人员
- ✕ 职员
- ✖ 服务人员和商店市场销售人员
- ● 农渔业技术人员和初级工作者
- ✚ 初级工作
- □ 设备和机械操作工装配工
- — 手艺人和有关行业工人

比例

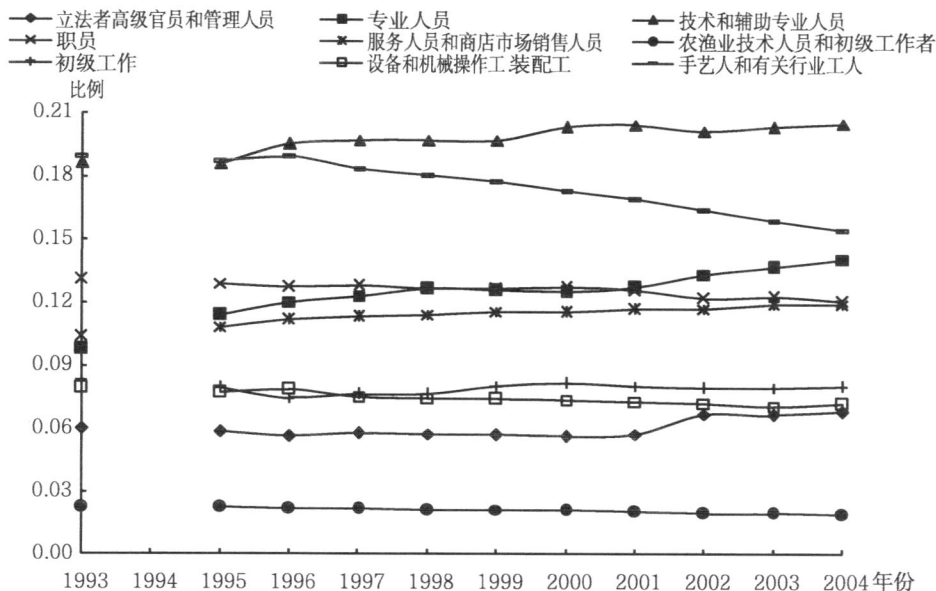

图 2-2　德国职业就业结构变动[1]

从两国职业就业结构的变动中也可以发现这种保留较高制造业基础的发展特征,日本在经济高速发展和工业化时期,产业就业结构日趋高级化,其职业结构的升级促进了这一进程,其生产和相关人员、运输设备操作员和工人目前仍然为所有职业中就业比重最高的岗位;并且在1970年至今的30多年间,其比重下降不到7%,低于英、美和加拿大同期的状况,销售人员和服务人员的比重也与英、美国家基本稳定或略有收缩的状况不同,日本、德国一直处于上升状态,与德国-日本模型的产业就业结构演变相符合。这一研究结论对于正处于工业化进程中的国家也具有启发性的意义。德国-日本和盎格鲁-撒克逊国家两种不同的路径说明以英、美为代表的

[1] 世界银行数据库.德国职业就业结构变动[EB/OL].(2016-01-01)[2016-04-22]. http://www.econ.worldbank.org /.

社会在退工业化进程的短期内出现大量制造业岗位削减,而非循序渐进的转化,其原因可能并不在于这种模式必然先进,而更多地可能是取决于区域所具有的文化、政治背景,对外贸易和全球化分工的开放程度在内的各种经济转化模式都会深刻影响劳动力产业就业结构变动。对于发展中国家而言,虽然其大部分地区还正在经历着工业化进程的洗礼,在后工业时期会形成何种产业就业结构转换模式也尚未确定,但是两类发达国家的结构变动提供了转换路径的基本模式,具有一定的指导意义。

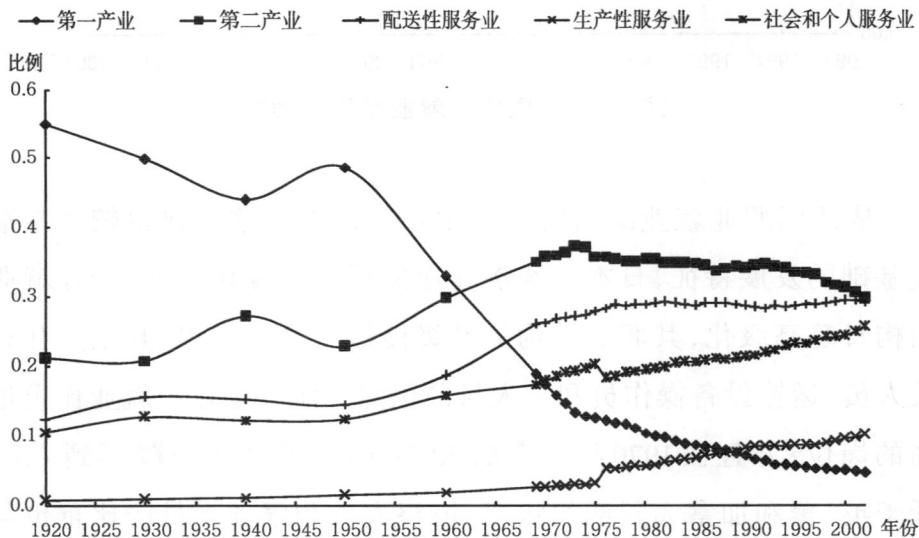

图2-3 日本产业就业结构变动[1]

---

[1] 世界银行数据库. 日本产业就业结构变动[EB/OL].(2016-01-01)[2016-04-22]. http://www.econ.worldbank.org.

图例：
- 专业技术和相关人员
- 销售人员和服务人员
- 职员和相关人员
- 行政和管理人员
- 农业畜牧业和林业工作人员渔民和猎人
- 生产和相关人员运输设备操作员和工人

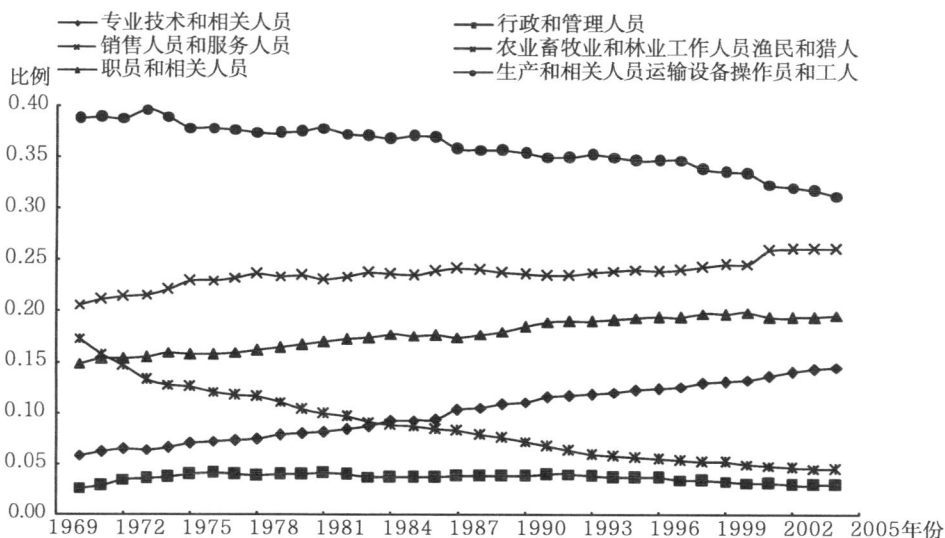

图 2-4　日本职业就业结构变动[1]

2.1.2　美国的结构变动

依据 Castells（1994）[2]研究提供的 1920—1970 年和世界劳工组织
（NLO）提供的 1970—2002 年度数据，可以描绘出 80 多年以来美国
产业就业结构变动的状况（见图 2-5）。虽然没有统计更早期的资
料，但已经可以发现在 20 世纪 20 年代，美国早期的工业化已经使得
其第二产业就业比重在 30% 以上，成为最重要的就业部门，20 世纪
30 年代大萧条和 40 年代世界大战使得该部门的就业比重有所下
降，但经过战后的恢复性增长，到 60 年代已经达到部门就业比重的
最高峰；20 世纪 20 年代，服务业本身就处于就业份额较高的状态，

---

[1] 世界银行数据库. 日本职业就业结构变动[EB/OL].(2016-01-01)[2016-04-22]. http://www.econ.worldbank.org.

[2] Castells M, Aoyama Yuko. Towards the Informational Society: Employment Structure in G7 Countries 1920–1990[M]. International Labor Review, 1994.

27

四项服务业的比重占据了1/3以上,并且与第二产业不同,20世纪三四十年代的社会动荡并没有造成服务业部门就业的衰退,四项服务业一直处于上升状态,在20世纪60年代退工业化进程开始之后,社会和个人服务业、生产性服务业、配送性服务业很快成为主要的就业部门,并且到目前为止,前两项仍然保持较快的增长势头,而以配送性服务业为代表的传统服务业则趋于基本稳定;第一产业就业比重则从20世纪20年代超过1/4迅速降低到3%以下,成为比重最小的就业部门。整体来看,美国产业就业结构变动具有从制造业向现代服务业转移的特征,同时基本维持传统服务业就业比重,服务业就业基础地位在工业化进程的较早时期已经建立,从而对第二产业就业替代功能的发挥也较快。

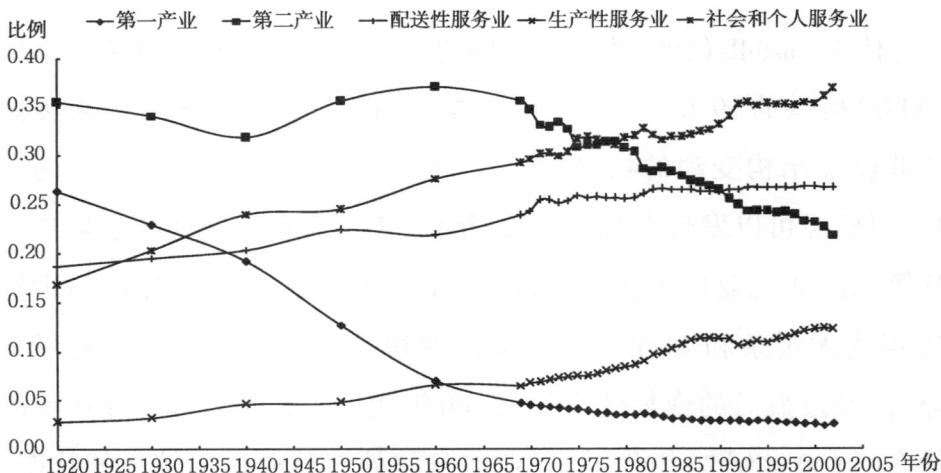

图2-5　美国产业就业结构变动[1]

[1] 世界银行数据库. 美国产业就业结构变动[EB/OL].(2016-01-01)[2016-04-22]. http://www.econ.worldbank.org.

而从职业就业结构变动的路径来看（见图2-6），20世纪70年代之后的各项职业就业基本没有较大的波动，与退工业化进程相对应，生产和相关人员运输设备操作员和工人职业者比重持续下降；职员和相关人员由于办公自动化和信息技术的应用，其职业者也呈现下降态势；与传统服务业发展目前相关的销售人员和服务人员虽然比重已经超过工业职业者，但是目前已经趋于稳定；而行政和管理人员、专业技术和相关人员的比重则明显上升，这与社会服务业和生产性服务业就业增长的趋势相吻合。

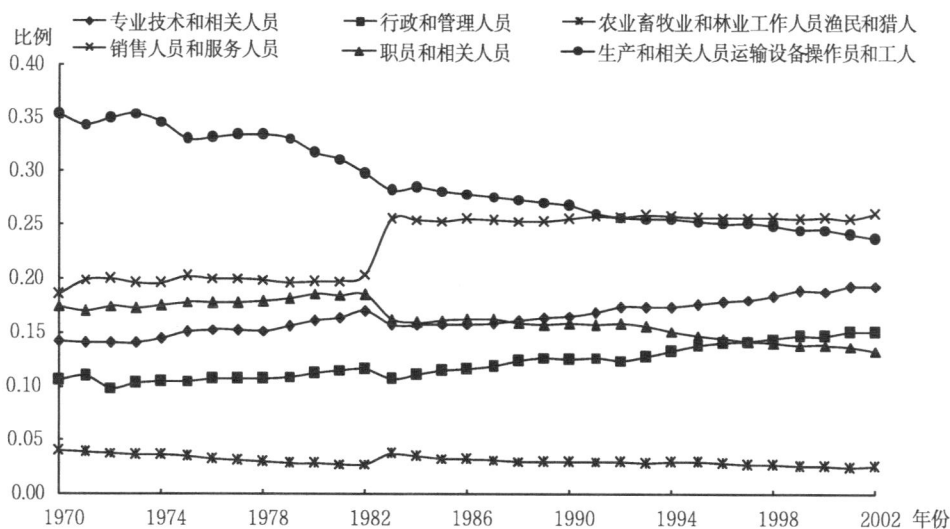

图2-6　美国职业就业结构变动[1]

产业和职业人口统计虽然能够清晰地反映美国整个工业化和后工业化进程中就业结构变动的状况，然而对于一个大经济和就业

---

[1] 世界银行数据库. 美国职业就业结构变动[EB/OL].(2016-01-01)[2016-04-22]. http://www.econ.worldbank.org.

结构规模转型基本完成的发达国家而言,目前产业和职业就业结构变动的模式也已经发生了重大变化,虽然统计可以沿用类似的分类名称,从统计上可能暂时无法发现数量结构的变动,但是就业者所从事的产业和职业岗位性质可能已经发生了重大的改变,新型工作制度和工作类型的产生将成为产业就业结构尤其是职业就业结构变动的主要内容。产业组织方式的变化,比如精瘦生产(leanproduction)、外包—专包及全球生产模式的出现将使得留在发达国家内部的产业链条性质发生重大变化;不受限于全职工作的弹性工作,同时具有双重或多重职业的雇员等新型岗位和职业者的出现将对传统的职业分类产生新的挑战,并且随着信息化程度的提高,职业的时间片断化和职业空间分散化的趋势可能对传统的职业结构变动观念产生质的影响。这样一种变动趋势与发展中国家的整体状况具有显著的差异,但是对于发展中国家中部分发展较为先进的地区,也将会较早地面临相似的状况。

2.1.3 盎格鲁-撒克逊国家的结构变动

英国和加拿大产业就业结构的退工业化进程略早于美国,基本也在 20 世纪五六十年代开始,结构变动显现出极为相似的状况(见图 2-7、图 2-9):第二产业就业比重直线下降,不仅低于服务业总和,而且在大约二三十年的发展过程中已经低于了社会及个人服务业和配送性服务业的就业比重;英国的配送性服务业就业比重目前已基本稳定或略有下降,其他两项服务业则保持了快速增长的态势,而加拿大的传统和现代服务业目前都还处于就业份额增长状态;而英国的农业就业比重早在 20 世纪 20 年代已经在 10%之下,目前已降到1%,加拿大则在初始较高的状况下降到目前3%的状况。与美国相比,三者具有较大的相似性,美、加的农业就业结构变动状况雷同,而其他部门的变动,英、美两国极为相似。这种变动路径归纳被称为盎格鲁—撒克逊国家模型,其特征为较早发展出先进服务业就业的坚实基础……制造业迅速消失,同时生产性服务业(就比率而言)与社会服务业(就规模而言)迅速扩张,不过其他服务业活动仍然占有相当比例的就业人口❶。

将盎格鲁-撒克逊国家模型和德国-日本模式进行比较可以发现,高生产力、社会稳定和国际竞争力可能与最高程度的服务业相关工作或信息处理工作没有直接和必然的联系,经济进步和社会稳定的国家会在制造业、生产性服务、社会和个人服务业和配送性服务之间发展出一种关联式系统,这种关系并不是工业部门的完全消亡或服务业部门的完全替代,而是交叉或网络式的共同推进,其有效性可能并不逊色于英、美国家的替代式系统。

---

❶ Castells M, AoyamaYuko.Towards the Informational Society: Employment Structure in G7Countries1920—1990[M].InternationalLaborReview,1994.

◆第一产业 ■第二产业 ╋配送性服务业 ✕生产性服务业 ✳社会和个人服务业

比例

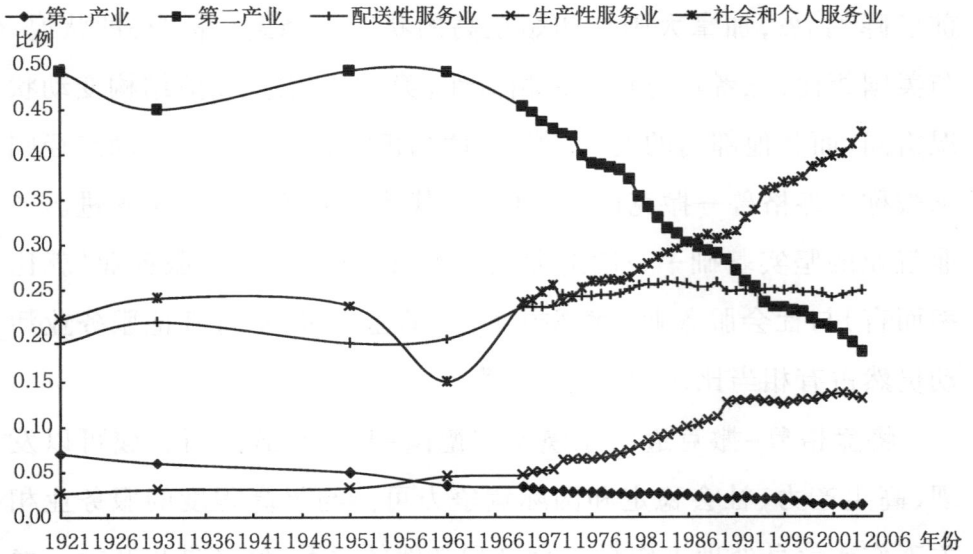

图 2-7　英国产业就业结构变动[1]

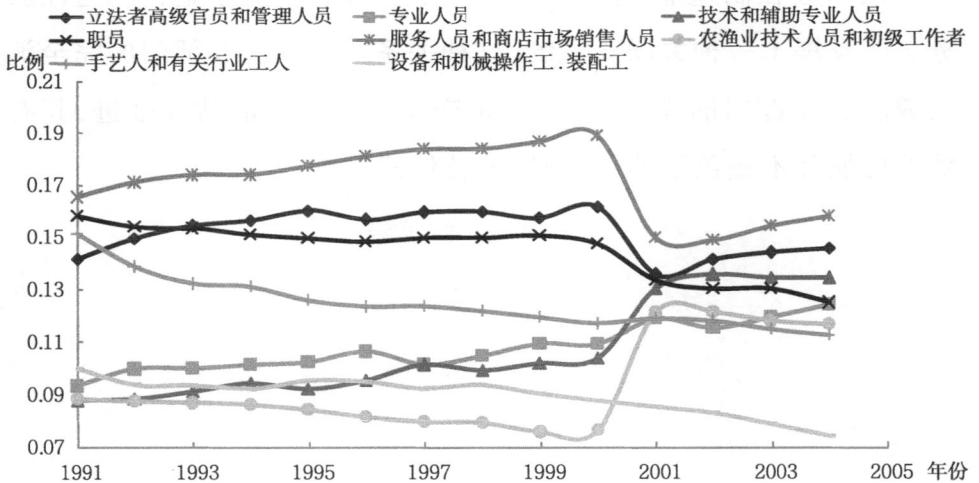

◆立法者高级官员和管理人员　■专业人员　▲技术和辅助专业人员
✕职员　✳服务人员和商店市场销售人员　●农渔业技术人员和初级工作者
比例　╋手艺人和有关行业工人　设备和机械操作工.装配工

图 2-8　英国职业就业结构变动[2]

---

[1] 世界银行数据库. 英国产业就业结构变动[EB/OL].(2016-01-01)[2016-04-22]. http://www.econ.worldbank.org.

[2] 世界银行数据库. 英国职业就业结构变动[EB/OL].(2016-01-01)[2016-04-22]. http://www.econ.worldbank.org.

比较英国、加拿大两国的职业就业结构演变的路径，可以发现两者具有极大的相似性（见图2-8、图2-10），英国的统计采用了新的分类方法，但是主要职业类别的变动状况仍然与其他两国具有同样的趋势。各国专业技术人员的增长相当明显，已经成为就业比重增长最为迅速的职业，其次为行政和管理职业，下降最快的为工业职业者，而其他职业就业比重状态基本稳定。劳动力职业就业结构的这种变动与其产业结构技术水平的提升直接相关，工业部门转移的同时信息化程度加深，服务业部门扩张及向其他产业链环节的渗透等变化，都推动了其职业就业结构的转型。

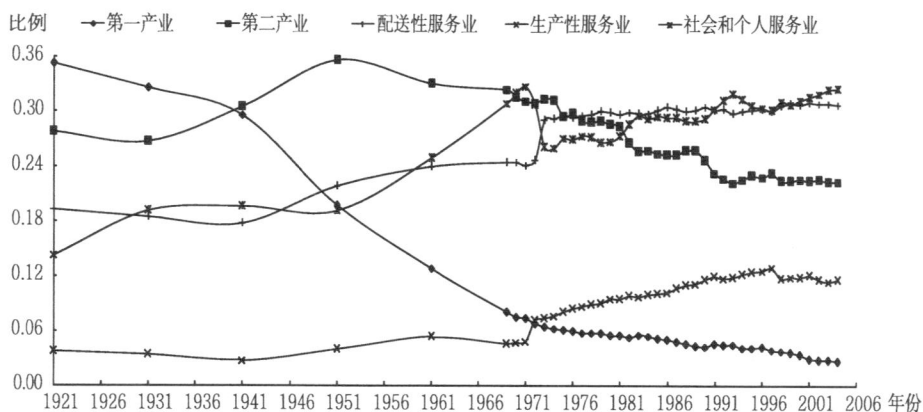

图2-9 加拿大产业就业结构变动[1]

---

[1] 世界银行数据库. 加拿大产业就业结构变动[EB/OL].(2016-01-01)[2016-04-22]. http://www.econ.worldbank.org.

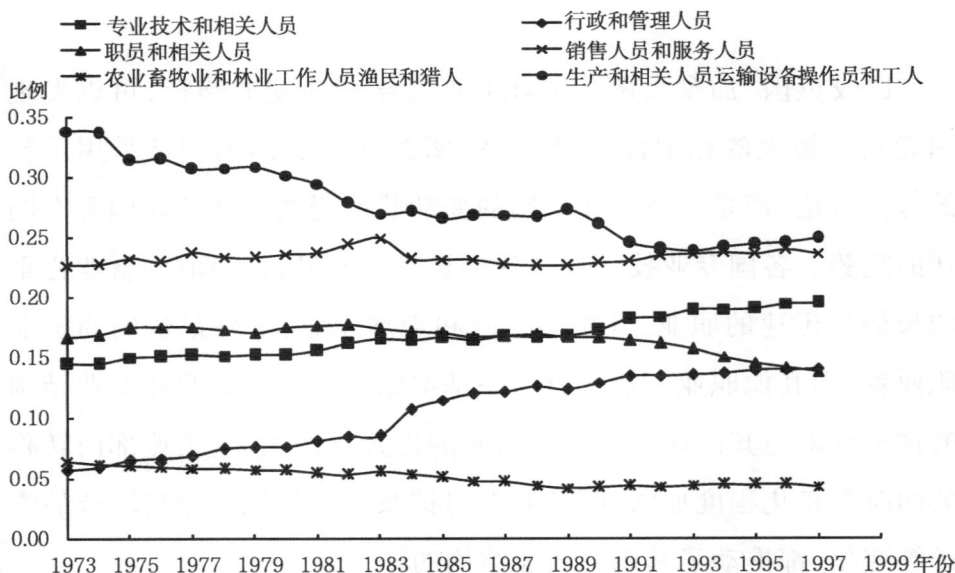

图 2-10　加拿大职业就业结构变动❶

2.2　工业化进程推动各国共性技术战略发展

在工业化进程中,各国共性技术的发展突飞猛进,相关的共性技术战略也层出不穷,虽因各国的具体国情不同而产生了"政府主导型"和"市场主导型"发展模式,但都对产业发展、结构转型升级提供了重要支撑,职业人才培养和职业教育发展模式也呈现出各自的特征。共性技术的发展与职业人才培养之间密切相关,职业人才尤其是制造业人才是承载共性技术的主体,共性技术发展要求人才培养不断转型升级。从技术发展历史来看,人才培养为共性技术的传承、扩散和创新提供了最重要的动力,尤其是在工业革命这样的

❶ 世界银行数据库.加拿大职业就业结构变动[EB/OL].(2016-01-01)[2016-04-22].
http://www.econ.worldbank.org.

重大共性技术革新时期，大规模的人才培养为技术革新、资源优化配置和知识技能传播提供了有生力量。从技术发展层次和结构来看，人才培养和共性技术相结合的密切程度在不断提升。与传统工业化进程中工业技术发展一枝独秀的非均衡模式不同，现代共性技术更注重技术层次结构分工衔接、产业间协调发展、区域产业分工合理化、人力资源优势充分发挥。

随着工业化历史的推进，共性技术也随之进步，按照其发展阶段可分为基础性共性技术和竞争前共性技术和应用类共性技术，而按照其技术层次则可分为产业间共性技术和产业内共性技术、企业内共性技术，这些技术的研发、传播和创新需要不同层次的人才和人才构成的相关组织进行承载。学术型、工程型、技术型和技能型人才❶对于共性技术的创新、发展、传播和利用具有不同的作用：学术型人才研究客观规律、发现科学原理。工程型人才将科学原理演变成工程原理，即具体的设计方案或设计图纸。技术型人才则是实际操作活动的组织者、管理者，他们负责将设计方案与图纸转化为产品。技能型人才则主要依靠熟练的操作技能来具体完成产品的制作。对不同类型人才的培养所对应的学校类型也不同，对于学术型人才，主要由一流大学及研究生院培养；对工程型人才，主要由本科院校培养；而职业教育则承担了培养技能型和技术型人才的重任。

2.2.1　日本-韩国模式

日、韩两国同属于"政府主导型"的共性技术创新发展模式，其

---

❶ 陈小虎，刘化君，曲华昌.应用型人才培养模式及其定位研究[J].中国大学教学，2004（5）：58-60.

突出的特点是:共性技术的发展与其经济发展战略相结合,以经济发展为中心,并且通过政府主导作用在不同产业发展阶段采取不同的共性技术发展策略,战后至今,两国产业发展可以划分为三个阶段,相应的共性技术创新发展也可以分为以下三个阶段❶❷。

"引进-吸收"阶段。第二次世界大战的破坏使得两国在战后一段时间内的发展主要是以恢复经济正常发展,确保本国生存为主要目标。由于当时的科研力量相对匮乏,科研机构破坏严重,科研条件十分艰苦,整个技术的研发推广都处于一种相当松散的状态。这时候两国政府实行的共性技术发展基本是采取"引进-吸收"策略,通过政府努力引进国外技术成果,围绕本国经济发展走劳动密集型发展,在技术引进后加快吸收和消化,以提高产品自主生产能力。此阶段中"引进-吸收"模式是政府处于绝对主导地位的,其经济发展和共性技术研发推广都是围绕着政府的主导作用展开的。政府的主导作用集中于建立管理机构,确定共性技术发展策略;加强相关共性技术研发推广的基础设施建设,为其提供宽松的政策环境,确保共性技术的引进和吸收;在此基础上努力培养本国科研实力,促进本国科研成果推广。通过"引进-吸收"阶段中政府的主导作用,共性技术的发展体系得以初步建立。

"引进-创新"阶段。到了这一阶段,两国产业经济开始从劳动密集型的轻工业产业进入了资本集约型的重工业产业发展,虽然该阶段中,仍然继续着上阶段在共性技术发展模式上的引进特点,但

---

❶ 张梅莹.共性技术及日韩发展模式对我国的启示[J].企业导报,2013(22):180-182.

❷ 于丽英,杜海涛.日本共性技术研发推广模式及机制分析[J].科技管理研究,2008(6):35-37.

是与上一个阶段不同的是,此时的发展策略上更加注重引进技术的共性水平,重点选择发展生产力所急需的先进共性技术,重点引进可以与本国自主研发紧密联系并推动引进技术的自主化,重点不再是简单的恢复性发展而是以提高自主创新能力为主。在对引进国外先进技术的消化吸收基础上,政府加大了技术的创新努力,确保共性技术创新的正确发展方向,对共性技术科研提供更为有利的政策和硬件支撑,为共性技术的发展创造更广阔的空间和奠定坚实的基础;大力发展改良型的技术,发展适用技术,开发自主技术,以推动重工业的优先发展。这样不仅有利于振兴本国的技术研发力量,更重要的是避免了在相关产业的共性技术上的依赖性。

"自主创新"阶段。随着社会经济不断发展,国际竞争更加激烈,科学技术作为产业竞争力的核心作用越来越明显,传统的追赶式经济发展模式已经无法维持经济的持续增长,如果继续依靠引进国外技术来维持发展,将无法持续,必须重新寻求新的增长方式,实现产业机构升级。在主导科技研发的同时,政府更加注重科技成果保护、市场保护和知识产权保护等。为了适应"科技立国"到"科技创新立国"的转变,共性技术发展也必然走进"自主创新"阶段。此时日、韩两国的共性技术发展不再依赖引进,而是为实现特定的实用目的或者实现新的实用方法而进行自主研发,共性技术的研发也由产业需求或者某种特定目的的确定技术研发方向向由研发新技术催生新产业的方式转变,即实现"自主创新"由"需求引导"到"技术引导"的转变。在确保共性技术研发方向的同时,改革政府研究机构,通过政策和法律等手段进一步调动民间企业的科研积极性;建立完善的服务体系,促进产学研之间的合作,以及跨部门的大型科研计划。

进入 21 世纪之后，韩国政府推出了《科学技术基本计划》，启动了"十大新一代成长动力"科技发展工程，重点针对信息通信、生物工程、纳米、航空航天等国家战略科技进行攻关；而且又在《第二期科技基本计划（2008—2012 年）》提出七大重点技术领域关键产业技术：发展高附加值的关键产业技术以适应全球竞争，包括 50 个重点技术及 40 个候补技术，构成了韩国产业共性技术的范围。2013 年韩国新政府提出创意经济口号，意在将创意产业融合集成到现有各个产业领域之中，为此将"信息通信技术"与"未来规划"纳入新建立的未来创造科学部的重点工作之中。韩国产业共性技术制度在供给模式、风险分担机制与扩散机制方面有其独到之处。

首先，在产业共性技术的供给方面，韩国产业共性技术供给模式最初是"政府引进式"，由政府主导引进国外先进技术，由国内企业吸收应用；到 20 世纪 80 年代，采用"政府计划与主持研发"模式，由政府根据国内企业需求，提出并主持共性技术项目的计划与研发，增加对研发项目的财政经费支持，培养高技术研发人才；而现阶段，韩国共性技术供给则转为"政府引导，产学研合作"的创新战略联盟模式，这一阶段，政府出台了《产业技术研究组合培育法》，构建产学研协同环境，企业加大对高校投入力度，已成为共性技术创新主体。其次，在产业共性技术研发的风险分担方面，韩国对几种产业共性技术供给模式设计了不同的风险分担机制，研发主体重点关注的是非系统性风险，主要包括项目风险、融资风险、运营风险、协助风险等，基本形成了政府与企业风险分担机制；对于非系统性风险内的项目风险，政府首先都会在前期广泛论证与调研评估的基础上提出宏观的共性技术发展范围,鼓励金融和其他企业对共性技术开发的投入,政府在前期会使用R&D经费承担项目债务,后期随着企业逐步成为供给主体,项目研发联盟独立承担债务风险,政府不再担保融资,而是健全相应商业保险机制,将风险逐步引入市场。最后,在产业共性技术的扩散方面,韩国政府从法律方面入手,先后制定了《技术转移促进法》《产业技术基础设施促进法》《技术评估法》《发明促进法》《专利法》,使得共性技术的产权认定、转移与扩散都在法律层面上得到了支撑;政府运用国家标准这样的行政强制调控手段,用方向标来引导或者强制企业推行共性标准技术;针对共性技术扩散的知识传播性特征,《产业技术基础设施促进法》提出了要通过对大学、研究机构和中小企业技术信息网络的建设,构建共性技术共享扩散平台,建立高效的中介服务体系❶❷。

2.2.2 美国模式

美国模式与日本-韩国模式存在着显著的差别,市场为主导,政府有限干预的特征比较明显。第二次世界大战后,美国的共性技术政策经历了从无到有,从自由主义到干预主义的演进。从"政府与市场的关系"角度来看,根据政府干预的广度和深度,可以将美国模式的发展历程归纳为图2-11。从中可以发现,在不同时期、不同条件下,政府介入科技活动的方式和程度有所不同,但历届政府均认

---

❶ 曾文革,谭添.韩国共性技术制度的发展经验及对中国的启示[J].河南商业高等专科学校学报,2014(4):1-7.

❷ 曹雅姝,于丽英.韩国共性技术的创新发展对我国的启示[J].科学管理研究,2008(2):113-116.

同介入的必要性,坚持从国家利益出发,强调对科学技术的利用。政策争论的焦点,不是要不要政府的介入,而是政府如何介入,既承认政府给予基本支持的必要性,又认识到政府过度干预的危险。

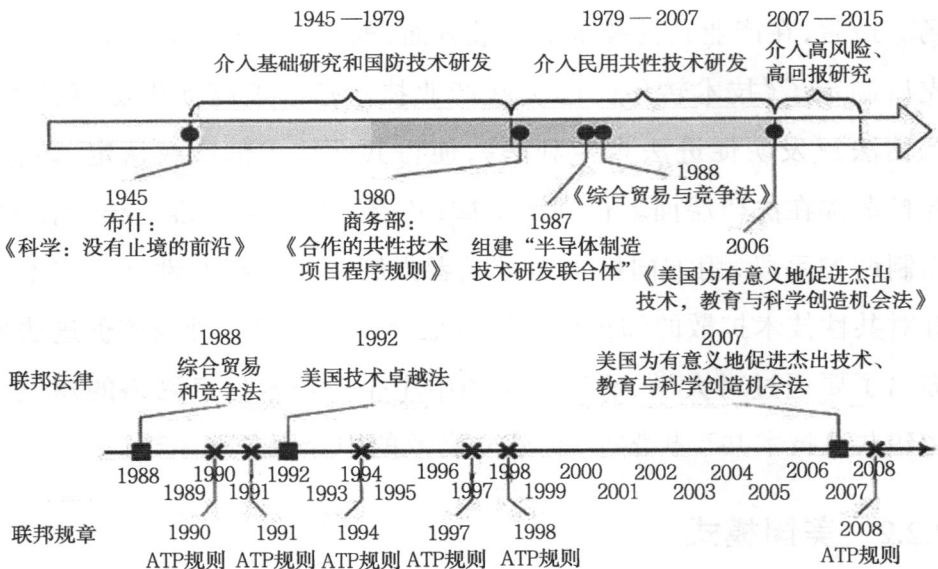

图2-11 美国模式的演变历程和相应的法律制度变动[1]

美国模式另一重要特征是围绕法律制度实现市场和政府对共性技术的有效开发与管理,其制度建设日臻完善。

1988年,美国国会通过了《综合贸易和竞争法》,该法设立了美国技术卓越计划(American Technology Preeminence,ATP)。ATP计划旨在帮助美国企业创造和应用共性技术与研究成果,以加快重大科学发现和技术的商业化,改进制造业技术;通过实施ATP计划来改

---

[1] 韩元建,陈强.美国政府支持共性技术研发的政策演进及启示——理论、制度和实践的不同视角[J].中国软科学,2015(5):160-172.

善美国和美国企业的竞争地位，优先支持具有重大经济潜力的科学发现和技术；ATP 计划主要支持企业、高校、独立研究组织间的合作研发活动，强调小企业的参与，避免使特定企业不当得益；支持措施包括给予部分启动资金，少量分担至多 5 年的合作研发成本，提供设备、设施和人员等。

1992 年，美国国会通过了《美国技术卓越法》，对 1988 年《综合贸易和竞争法》中关于 ATP 计划的内容进行了修订。与旧法相比，新法对 ATP 计划的修订主要包括突出共性研发，突出产业界主导，突出国家利益，突出部门协同。作为 ATP 计划实施的主管部门，美国商务部根据联邦法律的授权，于 1990 年首次在《联邦公报》上发布了关于实施 ATP 计划的规则并陆续做出修订，不断完善技术管理制度。

2007 年，美国国会通过了《美国竞争法》，以 TIP 计划替代 ATP 计划。2008 年，《美国竞争法》用"high-risk，high-reward research"替代了原有的共性技术概念，将其解释为：可能获得具有深远广泛影响的变革性成果，专注于国家关键需求，且因过于新颖或学科跨度过大而无法通过传统的同行评审过程，其根本性变化包括建立联邦政府干预产业技术研发活动的合理性根据，从"市场失灵"调整为"国家关键需求"；排除大企业获资助的资格，回应了公众对 ATP 计划成为大公司福利的质疑；明确限定政府资助的比例。

从美国共性技术战略的发展历程可以发现，"市场主导，政府依法推动"的模式在理论层面上厘清了共性技术的本质，使之成为一个逻辑自洽的科学概念，在制度层面上，联邦规章对其做出了界定，使其成为一个正式的、可操作的法律概念，从而有助于设计明确的、具有针对性的共性技术政策,明确政府的定位,明晰政府与市场的边界。美国的理论研究和制度安排均承认政府介入共性技术研发的必要性,但同时对政府的干预行为采取审慎的态度,坚持"产业界主导",坚持对市场竞争秩序的维护。政府在介入的条件、方式、程度上,可随着理论认识和实践发展的变化而随时调整。

2.2.3 欧洲经验

欧洲国家在共性技术研究中的突出特点在于超越国界的组织和管理模式,这对于各地区产业技术发展水平不均衡的中国而言,具有较高的借鉴意义。欧盟各国往往在一些重要的领域联合进行研发,一般采用科研计划的形式,组织比较松散,机制比较灵活,其典型模式为尤里卡(Eureka)计划。自1986年出台以来,该计划规模不断扩大,管理日臻完善,项目执行顺利,已成为欧洲企业高新技术开发与创新的有力工具。

从组织方式来看,尤里卡计划的管理机构简练高效,下设一个秘书处作为计划管理的神经中枢,直接与各成员方尤里卡计划协调办公室和尤里卡计划部长会议主席团密切合作,统一管理计划的项目审批、立项、资助、评估、信息传播及组织召开一年一度的部长会议。每个成员方选派一名高级代表组成尤里卡高级小组,负责制定大政方针,跟踪政策执行情况,审批项目,落实部长会议决议等工作。

其下的组织结构包括每两年召开一次部长级会议,制定政治方面的指导方针和官方公告,规划尤里卡的长期发展和成员方的加入或退出;隔年交替进行议会会议,旨在提升尤里卡的公众认知力,并且向参会的部长们提交战略建议;成员方轮流充当主席国,支撑尤里卡的发展,组织召开前两次会议,协同决策集团、执行集团和国家间项目会议等主席成员开展工作。决策小组作为计划中的关键决策实体,每年召开三次会议,执行小组则是相对决策小组而言的小型团体,一年至少召开八次会议,向决策小组负责,讨论决策过的项目和项目的关键问题。国家项目协调组织是操作层面上的组织,在各自国家尤里卡办公室进行实际操作,直接与项目的参与者和潜在的项目参与者接触,促进项目的立项和运行,为项目的衍生和回访负责,对项目的国内与国际支持提供便利。尤里卡产业群是一个长期的、战略性的产业集合体,通常有大量的参与者,并致力于发展增强欧洲竞争力的共性技术,每个产业群都有明确的技术发展线路图和清晰的战略领域定义,支持和鼓励欧洲的大型企业、中小企业、科研机构和大学紧密合作,共同组织联合研发项目,确保各自领域在世界上的竞争力。"尤里卡伞"则是聚焦于技术领域或商业部门的主体网络,主要目的是为计划项目在目标领域提供衍生便利,可根据项目申请实体的优势,自由组合❶。

英国也属于欧盟,但与欧洲大陆国家存在着一定的差异,英国的国家层面的共性技术规划正式开始于 20 世纪 80 年代,是当时英国国内科技、经济需求与国际科技发展形势双重推动的结果。英国作为工业革命的发源地,其科学研究水平一直位列世界各国前列,然而由于近代英国偏重于基础科学的研究,以至于工程技术和技术成果转化方面相对薄弱,严重制约了科技对经济发展的推动作用。

---

❶ 叶萌.欧洲、美国和日本典型产业共性技术供给模式分析[D].武汉:华中科技大学,2007.

为此,20世纪80年代英国政府开始着手调整科技政策,从增加民用研发经费到加强科技界与产业界的合作,以求靠科技发展改变经济下滑的形势。1993年,英国政府发布了《运用我们的潜力:科学、工程和技术战略》科技政策白皮书,主题就是确定具有战略性的研究领域,以及选择那些对经济利益和社会利益具有最大化贡献的共性技术,以及如何组织这些活动。

从英国共性技术选择的组织流程能够看到其延续了欧洲的传统,为共性技术发展提供了思路清晰的管理模式。英国科技办公室作为其核心管理机构,其下设置了技术预见指导委员会,成员来自英国的学界和产业界,并由英国首席科技顾问、科技办公室主任担任指导小组主席,负责技术预见计划的制订和实施,制定和成立专家小组,从学界、业界、财政、消费及政府等各个部门专家中收集科学机会和潜在市场等信息,设计技术预见步骤、工作方案等。在明确技术预见组织管理机构职责的基础上,英国科技办公室首先提名由领域专家组成的各个领域的专家委员会。领域专家委员会利用德尔菲法开展大面积的领域技术调查,在此基础上利用"技术优先模型"从吸引性和可行性两个方面来确定领域或部门优先发展的技术清单,利用"技术优先模型"从吸引性和可行性两个方面来确定共性技术的相对重要性和优先顺序❶。

日本-韩国模式、美国模式和欧洲经验为发展中国家的共性技术建设提供了先行经验,从日、韩两国的共性技术发展模式表明,共性技术的科研发展是一个循序渐进的过程,"引进-吸收"为共性技

---

❶ 许端阳,徐峰.英国共性技术选择的经验及其对我国的启示[J].科技管理,2011(5):31-34.

术的进一步发展奠定了基础；"引进-创新"有效地促进了共性技术的研发推广；"自主创新"增强了本国的共性技术研发实力，为经济发展创造了更大动力。从美国模式中可以发现，共性技术发展的关键在于处理好政府和市场的关系，尊重市场的创新能力，发挥企业的核心作用对于共性技术建设至关重要。从欧洲经验中可以发现，共性技术管理的组织建设需要理顺各方面的关系，灵活、高效、协调的组织体系对于共性技术的遴选、研究、扩散和推广至关重要，从而有效地解决了部门利益冲突和分配不当造成的组织效率低下。

2.3　工业化和共性技术战略下的职业教育

发达国家和地区的工业化时间与历程有较大差别，但职业教育发展规模一般都适应工业化进程和共性技术人才的要求而发生改变，其发展历程表现为依据工业化不同阶段而经历"增长—扩张—高峰—调整—收缩—再调整"的过程。这一规律集中体现在职业教育和第二产业就业规模之间的高度相关性上。

工业化进程的推进伴随着职业教育总体规模的变动，在前工业化时期，产业共性技术发展水平较低，需要传承、扩散和创新的技术总规模较小，因此职业教育的规模一般也较低；而从工业化初期到中期之前，产业发展进入技术积累时期，新技术成长明显，职业教育规模呈现持续扩大的趋势，德国职业教育学生数的增长率在工业化初期和中期分别达到了4.71%和4.00%，日本则为8.38%和6.64%，而后发国家或地区该增长率则更高，韩国和中国台湾地区在这些阶段均超过10%；职业教育规模的高峰一般出现在工业化中后期，这一时期的产业技术进入发展期和成熟期,技术类型分化显著,技术扩散和使用范围迅速扩大,需要有大批劳动者掌握这类技术,从德国、日本、韩国、中国台湾地区的数据来看,该时期职业教育院校和学生数量增长最为迅速,学生占总人口比重的峰值平均为3.8%。工业化后期,由于工业部门的转型或去工业化进程的到来,成熟或淘汰技术的数量明显上升,产业技术载体需求下降,因此这一时期职业教育一般会调整收缩,德国和日本职业教育学生数及其占总人口的比重均出现了负增长,韩国和中国台湾地区的增长率也明显下降,并在后工业化阶段转为负增长。当然,通过观察各国的长时段数据,也可以发现不同的工业化模式及其相关的共性技术发展战略差异也会导致其职业教育发展规律有所差别,部分国家会出现"再调整"的趋势。

2.3.1　德国

由于工业化起步较早,德国从18世纪末开始经历了以机械化、流水线生产和自动化为标志的三次工业革命,工业占经济总量比重逐步提高、制造业内部的产业结构逐步升级。从阶段上来看,大致可以分为前工业化阶段(1850年之前)、工业化初期(1850—1873年)、工业化中期(1874—1914年)、工业化后期(1915—1967年)和后工业化阶段(1967之后)。在这些阶段,职业,教育学生总量的增长率分别为2.56%、4.71%、4.00%、-0.79%和0.40%,职业教育学生数占比的增长率分别为1.67%、3.00%、3.26%、-0.65%和0.51%,职业教育规模呈现出明显的阶段性特征(见图2-12),其职业教育发展的高峰期出现在工业化中期,在工业化后期则经历明显的收缩,职业教育人数及占比一度负增长。

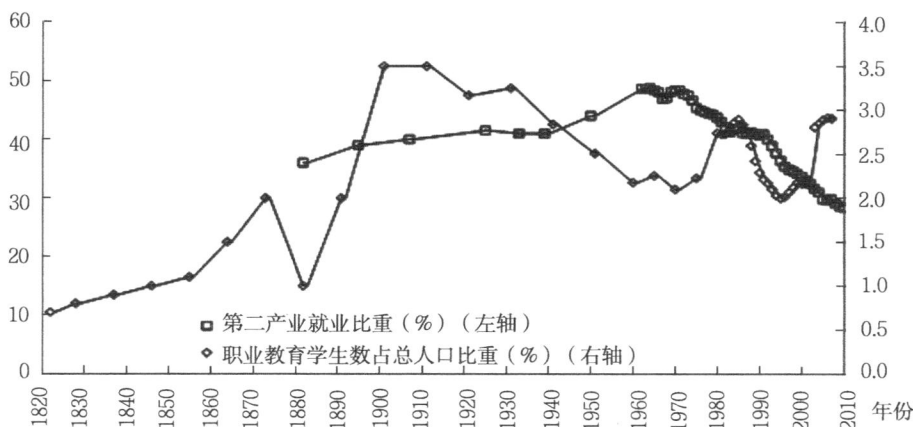

图2-12　德国职业教育规模与二产就业比重[1][2]

　　但进入后工业化时期,也就是20世纪90年代中期开始,德国的职业教育规模又奇迹般地出现了显著的反弹,职业教育学生数占总人口比重由1995年的2.00%上升到2007年2.90%。职业教育的再扩张趋势与德国的新型工业化进程密切相关。在欧洲工业化各国中,"德国制造"的竞争力一直较强,表现为工业核心技术的不断创新和高端制造业出口份额稳定增长。制造业生产日益依赖技术工人、专业技术人员和高端研发人员,传统蓝领和白领的界限更加模糊。随着制造业进入工厂智能化(Intelligente Fabrik)为标志的第四次工业革命,工艺与信息技术融合、产品个性化及生产人性化要求更多的

[1] PETER LUNDGREEN. Industrialization and the Educational Formation of Manpower in Germany[J].Journal of Social History, 1975,9(1):64-80.

[2] Bundesministerium für Bildung und Forschung. Basic and Structural Data 1999/2000[R]. Berlin: Federal Ministry of Education and Research, 2000.

人力资源投入与车间直接生产相关联的"线下生产""远程生产"和"虚拟生产"中,产品制造与顾客、业务伙伴的紧密结合也要求服务业的职业人才规模增长,合理的职业教育总量配置为新型工业化战略提供了坚实的人才基础。在经历2008年金融危机和欧洲普遍的经济不景气之后,德国进一步明确了保持和提升制造业核心竞争力的政策方针,恢复并保持职业技术人力资本存量成为其后工业化阶段坚持的人才战略,因此,可以预见其职业技术人才总量未来仍将保持不降反升的发展趋势。

2.3.2 日本

日本的职业教育发展规模基本与第二产业就业变动一致。日本从19世纪末开始进入工业化初期阶段,从1890年到1936年,其职业教育学生数增长率和职业教育学生数占比增长率是整个工业化时期中最快的,分别达到了8.38%和7.03%;工业化中期(1937—1960年),其职业教育在20世纪40年代初期达到最大规模,第二次世界大战期间,作为战争发动国和战败国,日本的职业教育发展一度出现中断,但在第二次世界大战后的恢复性工业化进程中,职业教育规模又迅速反弹,职业技术教育蓬勃发展,并于20世纪60年代中期达到高峰(见图2-13),在这一阶段,日本职业教育学生数增长率和职业教育学生数占比增长率维持了较高水平,分别为6.64%和5.42%。从20世纪60年代开始,日本进入工业化后期,日本制造业产业的对外转移及本土加工工业的"空心化"趋势加剧了职业技术型人才需求的下降,第二产业就业规模明显下降,职业教育发展也进入收缩期,两类增长率都转为负向,分别为-0.79%和-0.29%,在

1980年之后,后工业化阶段的来临进一步导致了职业人才规模下降,职业教育学生总数平均每年缩减1.27%。

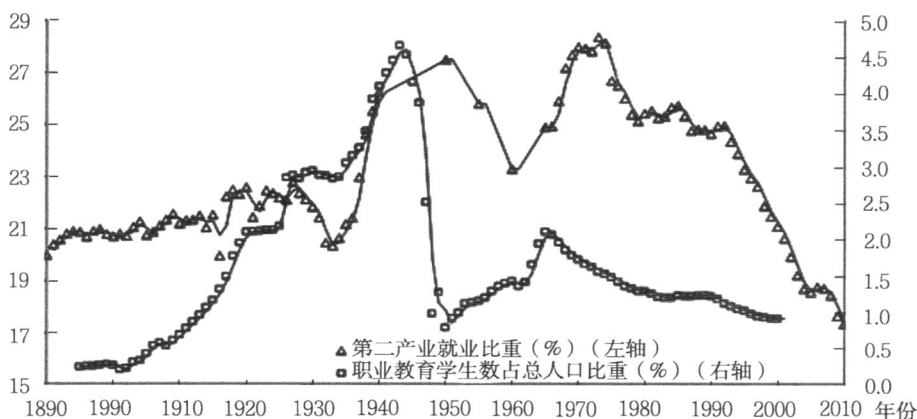

图2-13　日本职业教育规模与二产就业比重[1][2]

2.3.3　韩国

作为"亚洲四小龙"的韩国,其工业化进程具有明显的"赶超"特征,虽然其正式工业化进程从第二次世界大战结束后才开始,时间起步较晚,但由于借助了外向型经济发展模式和国家力量的有效推动,其完成工业化的周期较短。在此期间,其职业教育发展紧密配合了工业化各阶段的职业技术人才需求,通过图2-14能明显观察到两者同步发展的趋势。

---

[1] YOSHIHISA GODO,YUJIRO HAYAMI. Catching-up in Education in the Economic Catch-up of Japan with the U S 1890—1990[R]. Tokyo: Meiji Gakuin University working paper, 2008.

[2] 日本统计局.平成17年国势调查最终报告书「日本の人口」上卷[M].东京:日本统计局,2011.

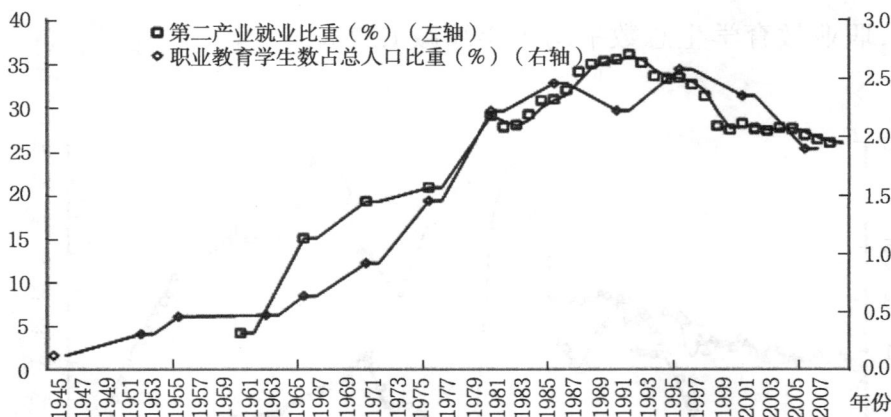

图2-14 韩国职业教育规模与二产就业比重[1]

韩国工业化阶段分为工业化初期（1965—1974年）、工业化中期（1975—1982年）、工业化后期（1983—2000年）和后工业化阶段（2000年之后），职业教育学生总量的增长率和职业教育学生数占比的增长率在工业化初期和中期分别为13.90%和10.68%，在工业化后期虽然发展速度明显下降，但仍然保持了增长态势，分别为2.37%和1.41%，直到后工业化阶段才出现-2.26%和-2.81%的下降（见图2-14）。

2.3.4 中国台湾地区

中国台湾地区的职业教育发展模式在很大程度上借鉴了德国的经验，同时作为外向型经济体的代表，其发展规律又与韩国存在一定的相似性。

---

[1] Ministry of Education & Human Resources Development. Korean Educational Development Institute, Brief Statistics on Korean Education[R]. MOE and KEDI, 2005.

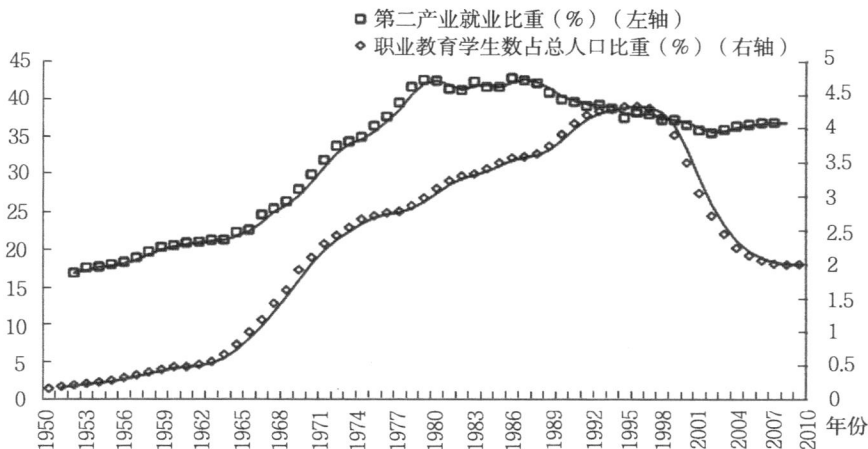

图 2-15　中国台湾职业教育规模与二产就业比重❶

　　中国台湾地区的工业化从 20 世纪 50 年代开始,工业化初期为 1950 年到 1965 年,该时期职业教育学生总量的增长率和职业教育学生数占比的增长率分别达到了 15.43% 和 11.37%,在工业化初期出现如此之高的职业教育扩张在其他国家中较为罕见;工业化中期为 1966 年到 1975 年,职业教育两项增长率分别为 15.39% 和 12.75%,也超过了德国、日本、韩国的水平;工业化后期为 1976 年到 1996 年,增长率下降为 3.74% 和 2.35%,中国台湾地区第二产业就业人员的比重在工业化后期(20 世纪 80 年代末)开始下降,但其职业教育规模的扩张趋势一直维持到后工业化阶段(20 世纪 90 年代末)(见图 2-15),这一阶段恰好是中国台湾地区自主型技术密集产业发展和知识密集服务业扩张的时期,这些产业的发展拉动了高端职业技术人才的需求,高等职业教育劳动者数量不断增长;进入后工业化阶

❶ 中国台湾"教育部统计处".教育统计指标之国际比较[M].中国台湾"教育部",2011.

51

段(1996年之后)之后,职业教育规模迅速收缩,增长率跌至-4.76%和-5.24%,跌幅也超过了上述三国的水平。

2.4　各国职业教育体系在工业化进程中日趋完善

结合发达国家工业化各阶段职业教育的发展历程可以发现,各国的职业教育基本制度能够不断调整,以适应工业化和共性技术发展的需要。发达国家和地区在工业化进程中重视职业教育的发展,不仅体现在职业教育规模的扩展上,也体现在其职业教育体系的构建,其中包括职业教育立法的完善,职业教育层次体系的完整建立,职业教育从产业导向型和需求适应发展到体系化建设,职业教育普及化和义务化,以及学校、学制和课程设置的逐步完备。

2.4.1　德国

世界各国中,尤以德国的职业教育体系发展最早,也最为完善和发达,但其目前的成就并非一蹴而就,德国的现代职业教育体系经历了一百多年的发展历程才逐渐成熟。前工业化阶段的职业教育体系尚处于发展初期,德国的职业教育以传统学徒制为中心培养职业教育劳动者;工业化初期,产业结构转型需要大量职业教育劳动者,但是由于供给相对短缺,这一时期的职业教育体系往往具有产业导向的特征,主要是建立职业补习学校,教育层次主要停留在初中级阶段;进入工业化中期,中高级职业教育出现扩张趋势,不同层级的职业教育院校发展更加制度化和规范化,以德国"双元制"为代表的职业教育模式,适应劳动力市场需求的技术资格等级考试制度也在这一阶段产生；工业化后期的职业教育制度进入完善和调整期，职业教育的制度化、普及化和义务化，职业教育从数量增长转型为质量提升的内涵发展模式（见表2-2）。

现代德国的职业技术教育以"双元制"为核心，即传统的学徒培训方式与现代教育思想结合，企业与学校合作培养、联合办学，受教育者在企业内是学徒，在学校内是学生。在该种模式下，制造业人才培养的能力主要包括三种：其一，职业行动能力——职业情境中能够专业地、对社会和个人负责地处理事务的热情与能力。职业行动能力包括专业能力、人格能力和社会能力三个组成元素，受教育者通过学习某个职业或专业的知识、技能、行为方式和态度获得专业能力；在职业生活、家庭生活及社会生活中解释、思考并评价，获得并认识和发展自己的人生规划的人格能力；通过与他人之间的和谐和冲突感受与理解，经历和构建社会关系，获得社会能力。其二，关键能力——当职业发生变更，或者当劳动组织发生变化时，劳动者依然具备的跨专业能力，关键能力包括组织实施工作任务的能力，交流与合作的能力，运用学习和工作方法的能力，独立性与责任意识，对外界压力的承受能力等。其三，经验性知识，也就是从事制造业所需要具备的核心知识和技能，德国教育界将其界定为处于经验性知识和学科理论知识之间的一种特殊的知识[1]。

德国的职业教育经费由联邦、州政府及企业分别承担。由于企业承担了相当一部分学生的学习费用，从而确保了职业教育发展有充足的经费来源。而且，职业教育中有企业的积极参与，使学生能够在企业学到最前沿的技术实践，从而极大地提高了职业技术培训

---

[1] 杨克.中国制造业多元制技能人才培养模式研究[D].武汉：武汉理工大学，2009.

的效果。德国政府还通过《联邦职业教育法》和《联邦职业教育促进法》等法律来确保职业教育发展。完善的职业教育体系造就了庞大的高素质工人队伍,德国联邦统计局的统计数据显示,2008年德国15岁以上人口中受过职业教育者为4115.7万人,占总数的57.8%。高素质的技能型工人为德国经济提供了优质的人力资源支持。1960年至今,德国受过职业教育的人口占总人口的比重一直处于较高水平。虽然德国已经处于后工业化时期,工业增加值比重占GDP比重在不断下降,但是其职业教育规模仍然稳定。

2.4.2 日本和其他亚洲国家、地区

日本职业教育发展具有明显的政府推动特征,因此在其工业化初期之前就确立了比较完善的职业教育制度规范,这在其他工业化国家和地区中是较为罕见的,但日本工业化进程的速度和技术进步的惊人水平表明,这一未雨绸缪的做法的确为日本现代经济发展乃至跻身世界强国行列奠定了有力的人才基础。工业化初期,日本的职业教育体系以产业导向的特征为主,建立实业学校、青年训练所,以短期培训为依托适应迫切的劳动力需求。进入工业化中期,日本出现了两年制初级职业教育,职业教育义务化趋势显现,高中职业科,高等职业教育也蓬勃发展,中高级职业教育明显扩张。随着工业化的逐渐完成,日本重工业化的趋势逐步削减,工业结构更加注重知识化,因此在这一阶段,其职业教育重点从数量扩张转向质量提升,改善高中职业教育和专修学校质量,全面发展科技大学、大学理科教育等高等职业教育成为这一时期的主要政策。工业化后期,日本职业教育制度进入调整期,主要包括重新定位高中职业教育,

发展更高层次专业性职业教育等（见表2-3）。

表2-2　德国不同工业化阶段、共性技术特征和职业教育发展❶❷

指标	前工业化阶段	工业化初期	工业化中期	工业化后期	后工业化阶段
时间段	1850年之前	1850—1873年	1874—1914年	1915—1967年	1967年之后
经济及产业特征	准备时期	起飞阶段	关键产业及其核心技术方面据有的优势，创新从核心工业部门扩散到其他生产部门		核心技术创新、高端制造业出口，知识型社会
职业教育发展阶段	传统学徒制为主的职业教育	传统学徒制，职业补习学校	中高级职业教育扩张，"双元制"教育模式	职业技术教育稳定、制度化、义务化	完整、普及的职业教育体系
职业教育学生数增长率（%）	2.56	4.71	4.00	−0.79	0.40
职业教育学生数占比增长率（%）	1.67	3.00	3.26	−0.65	0.51

　　在日本工业化的进程中，机械、电子制造业和汽车制造业一直

❶ CHONG JAE LEE. The Korean Experience with Technical and Vocational Education，Fourth ECA Education Conference 2007(10)[C]. World Bank and the Ministry of Education and Science of the Republic of Albania，2007.

❷ YOUNWHA KEE. 韩国：职业教育培训发展及其体系[R]. 中华职业教育社——2009中国（长沙）国际职业教育论坛，2010.

保持世界领先水平,这与其实施有效的职业技术人才发展战略,促进产业共性技术密不可分。

首先,注重教育体系市场适应性,确保职业教育体系适应产业技术升级和结构转型的需要。第二次世界大战后,为了达到经济的全面恢复,日本针对当时钢铁、煤炭等严重短缺的现状,大力发展面向国内市场的进口替代型工业,采取"倾斜生产方式";20世纪50年代,又采取"集中生产方式",在大力发展进口替代型工业的同时,日本政府对纺织、食品等出口导向型工业进行扶持,因此需要大批初级技能型人才和熟练劳动者。为此,日本教育革新审议会提出了关于技术教育振兴的方案,提出避免高中单一化,单独设置进行职业教育为重点的高中,1951年的《产业教育振兴法》保障扩充职业教育所必需的经费由国库拨款补助。1955年以后,日本开始驶入经济迅速增长的快车道,政府重点发展钢铁、机械、石油化工、造船、家电等支柱产业,进入了重化工业阶段,以重化工业为重点的制造业发展客观需要大批初中级技能型人才。对此,日本经济审议会在1960年《国民收入倍增计划》中提出工业高中毕业生培养和工业师资配给计划,专科性高等职业教育蓬勃发展,培养了大量中级技能型人才,以满足制造业从劳动密集型轻纺工业转型为资金密集型重化工业的需要。20世纪70年代,石油危机爆发促使日本政府开始发展消耗资源与能源较少的技术密集型制造业,因此需要大批中高级技能型人才。为此,日本创建了一种新的"技术科学大学",招收工业高等专门学校和同等学力者入学,开设了许多与新科技有关的专业,一些著名的大学也积极跻身职业教育行列,培养了大量高级职业人。

表2-3　日本不同工业化阶段、共性技术特征和职业教育发展

指标	前工业化阶段	工业化初期	工业化中期	工业化后期	后工业化阶段
时间段	1890年之前	1890—1936年	1937—1960年	1961—1980年	1980年之后
经济及产业特征	准备阶段	起飞阶段	加速度和赶超式发展,工业结构重工业化	工业结构知识化,产业结构软化	制造业空心化趋势,知识化和信息化
职业教育发展阶段	职业教育制度、中级农、商、工业学校	鼓励职业教育、实业学校、青年训练所,一线劳动者职业教育	两年制初级职业教育、职业教育义务化,高中职业科,高等职业教育	改善高中职业教育,科技大学、理科教育、产业教育,专修学校	调整高中职业教育定位,调整和发展更高层次专业性职业教育
职业教育学生数增长率(%)		8.38	6.64	−0.79	−1.27
职业学生数占比增长率(%)		7.03	5.42	−0.29	−1.68

资料来源:孙德岩,赵树仁(1986)❶。

其次,重视教育体系层次多样性,适应产业共性技术多样化发展的要求。工业化和产业结构转型升级要求全方面提升不同产业尤其是制造业相关的共性技术,这离不开大批数量充足、结构合理、技术精湛、门类齐全、素质优良的技能型人才队伍的支撑,日本教育体系的多层次性满足了这种需求。从初中阶段起,经高中到大学乃至研究生院,日本教育体系培养了大批初级、中级和高级技术人

---

❶ 孙德岩,赵树仁.日本职业教育一百年[J].教育科学研究,1986(10):43-46.

才。1947年日本公布了《教育基本法》和《学校教育法》，开始实施新学制，在初中教育阶段设有职业科，其中分设了农业、工业、商业、水产、家政等课程，为满足战后以轻纺为主的劳动密集型制造业的需要，日本提倡工业科学生学习手工技艺、机械操作和制图等项目，获得有关的知识和技能，制造业相关课程改革持续到20世纪50年代重化工业时期。1960年《国民收入倍增计划》实施后，出现了制造业熟练劳动力供应不足的问题，对此，日本将工业科目标定为：使学生掌握关于制造和操作的基础技术，提高对工业的兴趣，培养职业生活方面必要的能力和态度。随着制造业产业结构转型升级，设置有关职业科目的学校，从20世纪60年代后半期逐年减少，到70年代，培养工业初级技术人员和技工的职能基本由工业高中所承担。

战后日本高中教育分为以普通教育为主的高中和以专门教育为主的高中，其中以专门教育为主的高中里又分为农、工、商等科目，随着20世纪70年代日本开始重点发展知识密集型制造业，高中阶段教育又提出了新的要求，宽厚的基础知识、较灵活的适应性和较强的解决实际问题的能力成为培养重点，为此，日本提出了重视基础教育、课程具有伸缩性和加强劳动体验等改革措施，来满足以知识密集型产业发展的需求。

高等教育对产业人才的培养主要是通过工业大学、大学的工学部、短期大学的工业科、专修学校和高等专门学校及研究生院来开展。四年制大学和研究生院是学术研究为中心，培养高级技术人才的基地；短期大学和高等专门学校则以传授和研究专门知识为主，培养各种专门人才，高等专门学校的学科结构和以制造业为主的产业结构相一致性,满足中高级技术人才需求;专修学校则主要是培养适应社会各界需要的有"即战力"的短线人才。

再次,注重教育体系的开放性,采取多种教育和培训渠道壮大技能型人才队伍。除了学校教育机构以外,企业内的职工教育和公共职业训练也在日本的职业人才培养中占有重要地位。企业教育包括技工教育、技术员教育和经营者教育,教育形式有企业自行创设的,也有企业同学校合作的,工科院校设立了地方分教室、地方中心、夜间部和函授部等教学点,为在职工程技术人员提供了学习进修机会,20世纪60年代中期以后,日本一些企业开始举办以高中毕业生为对象的短期大学教育设施,以培养程度较高的技工为目的,20世纪80年代,一些企业又创办大学,还有的创办可授硕士学位的研究生院。产业结构转型升级不仅要抓职业教育,还要抓企业的经营教育,对经营者、管理者、骨干职员和新职员进行先进的经营管理技术教育,从而实现企业经营管理现代化(付卫东,2015)❶。

最后,放宽人才引进,建立技术人才保障体系,消除高层次人才的后顾之忧。20世纪90年代,日本放宽了外国技术人才的居留限制,1990年实施的《新入境管理法》,将外国人入境后的居留资格由原来的18种增加到28种,尽管如此,由于90年代日本改革迟缓,经济政策一再失误,致使经济低迷,高层次人才的数量和质量远远不能满足产业发展的需求。为此,日本首相咨询机构提出对在日本的高中、大学、研究生院毕业的外国人给予永久居住权。同时,日本大企业对中高技术人才提供优厚的住房补贴、进修资助、医疗及退休

---

❶ 付卫东.制造业强国崛起与现代职业教育体系建设——日本的经验及启示[J].华中师范大学学报,2015(7):161-167.

保障计划,建立了团体人寿保险、人身意外伤害等保险计划,增强了员工的凝聚力,这在一定程度上有利于保持科研设计开发工作的连贯性(张晓宇,2006)[1]。

进入21世纪之后,由于经济低迷和持续的产业结构转型,日本制造业企业中有一线生产经验和通晓制造技术的熟练工与技术人员正逐年减少,部分生产领域甚至后继无人。对此,日本的经济产业省筹划了一项扶植日本制造技术的计划,核心就是加强对技术人才的培养,使日本企业在生产第一线保持足够数量的精通制造技术熟练工人和技术人员。在专业教育机构层面,由政府出资在全国有关大学、研究机构和中等技术学校开设有关制造技术的课程和研究班,邀请企业技术专家、经验丰富的老职工和制造技术专业人才授课。还计划深入生产第一线研究如何通过制造技术提高工艺流程的水平,包括提高生产线的合理化及时处理生产过程中的问题,新产品的批量生产技术等。并且,所有课程向中小企业免费开放,只要提出申请,中小企业的技术人员和职工可以随时到有关设施接受培训,并参与所有授课和实习(阎海防,2005)[2]。

与日本相似,韩国和中国台湾地区的职业教育发展体系也随着其工业化进程而不断完善。韩国职业教育在工业化初期建立了五年制初级技术学院和职业培训体系,并在工业化中期确立了国家技术资格考试制度,并增设了两年制专科学院,在工业化后期又将中专、专科学院改成工业学院,最后建立科技学院,确立完整的职业教

---

[1] 张晓宇.各国制造业人才发展比较研究及对武汉的启示[J].科技创业月刊,2006(9):120-122.

[2] 阎海防.日本:制造业人才缺失政府出资"救阵"[N].经济日报,2005-02-02(007).

育体系（见表 2-4）。

　　中国台湾地区的职业教育最初只有初级农业职业教育；工业化初期，随着产业调整为"以农养工"的发展模式，工业领域的职业教育成为主导，高中阶段职业教育快速增长；在工业化中期，中国台湾地区建立了较为完成的初、中、高等职业教育体系，主要包括两年制高等职校、五年制专科高职和技术本科；在工业化中后期，中国台湾地区高科技产业和高科技工业出口蓬勃发展，自主型技术密集产业和相关的知识密集服务业显著扩张，该时期的职业教育更加注重提升办学层次，走内涵发展道路，表现为控制专科学校的增长，组建本科技术院校等（见表 2-5）。

表 2-4　韩国不同工业化阶段、共性技术特征和职业教育发展

指标	前工业化阶段	工业化初期	工业化中期	工业化后期	后工业化阶段
时间段	1965 年之前	1965—1974年	1975—1982年	1983—2000年	2000 年之后
经济及产业特征	战后经济复苏重建	出口为导向的高增长		信息知识型社会	
职业教育发展阶段	初步发展	五年制初级技术学院，职业培训体系确立	国家技术资格考试制度，两年制专科学院	中专、专科学院改成工业学院，最后建立科技学院，确立完整的职业教育体系	
职业教育学生数增长率(%)		13.90		2.37	−2.26
职业教育学生数占比增长率(%)		10.68		1.41	−2.81

表2-5　中国台湾地区不同工业化阶段、共性技术特征和职业教育发展

指标	前工业化阶段	工业化初期	工业化中期	工业化后期	后工业化阶段
时间段	1950年之前	1950—1965年	1966—1975年	1976—1996年	1996年之后
经济及产业特征	农业为主	产业调整为"以农养工"	加速发展外向型工业	自主型技术密集产业,高科技产业	高科技工业出口、知识密集服务业扩张
职业教育发展阶段	初级农业职业教育	高中阶段的职业教育快速增长	两年制高等职校、五年制专科高职、技术本科	控制专科学校的增长,组建本科技术院校,提升办学层次,内涵发展道路	
职业教育学生数增长率(%)		15.43	15.39	3.74	-4.76
职业教育学生数占比增长率(%)		11.37	12.75	2.35	-5.24

资料来源:王学风(2006)❶

2.4.3　美国

美国作为世界上经济最发达的国家,其经济结构转型一直依赖于具有持续创新能力和高素质的高层次技术人才资源,在实施职业技术人才发展战略中,美国的主要经验也值得借鉴。

首先,以大学为依托,政府资助建立工程研究中心,作为产业高技能人才院校教育的核心。工程研究中心将不同学科的工程技术人才结合起来,共同研究解决国家和工业上面临的重点课题,注重加强对年轻科研人员的培养,并强调把大学作为振兴科学技术所需

---

❶ 王学风.台湾发展教育的基本经验[J].江西教育科研,1996(12):57-61.

人才的最大培养基地。大学普遍设立科学园,密切工业与科研、教育的关系,加速了科研成果商品化的进程,适应高技术产品更新换代步伐。各地的多种工程协会是为工程技术人员举办继续教育课程的重要机构,面向全国本行业的工程师、工程技术人员开设课程班、研究班,以提供各种知识更新的课程(张晓宇,2006)❶。

其次,教育和产业管理部门合作,建立分层合理的产业培训计划。美国教育基金会和制造业工程师协会(The Society of Manufacturing Engineers,SME)共同制订了制造业培训计划(Manufacturing Education Programe,MEP)。第一层次的培训目的是义务教育阶段,主要是激发学生对制造业、工程技术的兴趣,为学生提供制造业方面的基本知识和技能培训。第二层次的培训在大学和技术学校层面,进行工业发展和学术研究的沟通,把具体需求整合为具体的工程培训项目,从而满足工业发展所需的创新和提高。第三层次的培训是终身学习,包括对制造业在职人员继续教育、职业发展、资格认证、技术资源和合作发展(赵立莹,赵景辉,2006)❷,许多大企业内都设有自己的继续教育机构,对自己的工程技术人员进行培训,使本企业更好地进行生产开发、技术开发。

最后,大力引进外来高技术人才,解决产业核心人才短缺问题,同时创新人力资源管理方法,留住技术人才。美国绝大多数的高技术公司目前采取股权激励机制来留住人才。为了解决高技术人才短缺的问题,美国政府也多次修改《移民法》,降低技术移民的门

---

❶ 张晓宇.各国制造业人才发展比较研究及对武汉的启示[J].科技创业月刊,2006(9):120—122.

❷ 赵立莹,赵景辉.英、美制造业人才培养特点及启示[J].中国职工教育,2006(8):34—35.

槛,明确提出只要是学术、专业上有突出成就的人才,不考虑其年龄、国籍和信仰,均可优先加入美国国籍。美国优厚的生活待遇及鼓励人才自由发挥的良好氛围,导致全世界尤其是发展中国家的大量高技术人才流入美国,进一步加强了其人才强国地位。

当然,随着全球制造业竞争的日益激烈,尤其是发展中国家制造业的兴起,美国产业发展也面临着越来越严峻的国际形势。特别是金融危机以来,美国开始全面反思过度发展虚拟经济的弊端,希望从经济发展模式的变革入手来彻底摆脱危机,重振国内制造业。为解决相关职业人才不足的问题,美国从制订长远人才储备战略,创造制造业就业等方面提出了应对思路(袁冬梅,2012)❶。

首先是从法律和政策方面大力发展制造业教育与培训。20世纪90年代以来,美国通过了《帕金斯职业和应用技术教育法案》和《由学校到就业法案》,强调要加大联邦职业教育专项拨款力度,努力缩小职业学校与就业市场间的职能落差,衔接职业学校与科学技术院校继续学习,加强职业学校创新精神教育,培养非传统新兴产业所需的专业人才。2008年金融危机之后,美国政府强力推动"制造业回归",先后出台了《购买美国货》《制造业促进法案》《五年出口倍增计划》《内保就业促进倡议》等一系列政策和法案。2009年美国通过了《美国复苏与再投资法》,将资金投放到"能使美国经济增长并使美国在21世纪继续成为美国世纪"的五大支柱领域,其中安排1150亿美元直接补助教育系统,这是美国有史以来最大的一笔一次性投向教育的拨款,针对理工科人才短缺而导致制造业创新

---

❶ 袁冬梅.美国制造业重振面临的人才储备挑战[J].国际贸易问题,2012(4):49-58.

不足的现实。联邦政府会同企业、基金会和全美75所著名公立高校,投资2.5亿美元,用于对美国基础教育阶段理工科教师培养和培训。美国众议院2010年7月底通过了一系列"美国制造业促进法案",旨在帮助制造业复苏,增加就业。其次是再度改革移民法留住人才。美国工科人才集中于外国留学生,从留学生中留住人才,从非法移民中寻找劳动力成为美国扩充制造业人才的重要战略。奥巴马在2011年5月初的一份演说里呼吁对美国不完善的移民体制进行改革,计划为1000万到1200万的非法移民扩大争取获取公民身份的途径并增加合法移民的数量。最后是调动本国学生从事理工科学习与工作的动力。政府认识到要振兴美国的科学教育,除了大刀阔斧的政策引导外,也需要社会大众和大学的齐心合力,重构制造业文化,推动制造业重振战略的顺利实施,尤其要鼓励年轻人从事制造业。

2.4.4 英国

英国作为工业革命的发源地,其各类职业技术人才和专业人员比例一直位居世界前列,这与其职业技术人才发展采取相对灵活的策略有关(张晓宇,2006)❶。

首先,英国奉行全球化的人才观,人才流动政策宽松,对流向国外的高技术人才并不刻意限制,因此,英国政府在创造宽松环境和创业条件上下工夫,为高技术人才提供良好的科研环境和学术氛围,使不少高技术人才重新回流。近年来,英国政府又积极倡导

---

❶ 张晓宇.各国制造业人才发展比较研究及对武汉的启示[J].科技创业月刊,2006(9):120–122.

多元文化和多民族共存，为了更广泛地吸引外来人才，政府英联邦国家的高技术人才不需要办理工作签证，就可以到英国工作两年。此外，英国对外来移民的工作许可证制度进行了调整，放宽对外国技术移民的法律限制。这种广揽人才的做法从英联邦内的加拿大、澳大利亚等国吸引了不少专业技术人员。全英的著名跨国公司、科研机构等，也将拥有自行签发工作许可证的特殊权力，只要大公司雇用的海外人员，不管是否有硕士学位，英国政府都将他们视为人才而发给签证，在很大程度上平衡了英国本地人才的流失。

其次，推行实用主义的人才观念。英国在基础研究方面人才辈出，但由于先期投入培养经费的问题，英国在高科技应用领域人才并不是很多。但是，英国往往能在高科技领域走在世界前列。原因就是英国愿意耗费巨资吸收这一类人才，并以重金购买其高科技成果，并加以保护。近年来，英国政府又提出将对高科技研究、基础研究和高等教育领域有突出贡献的人才实行倾斜政策，国家拨出专款大幅度提高他们的工资待遇，从而留住高技术人才。

再次，设立专门管理机构负责职业教育培训。英国成立了职业资格认证委员会，通过职业资格证书规定的严格课程单元来保证各个层次公民在制造业方面的培训需求，严格的考核使公民获得任职资格，确保职业制造培训的质量和任职人员的业务水平。制造业培训分为三个严格的层次——初级、中级和高级，三个课程水平包含着层次不等的课程单元，中间水平的课程包括4个强制性单元和2个选择性单元；高级水平的课程包括8个强制性单元和4个选择性单元；英国制造业课程会使学生获得制造业、商业与贸易方面的知识和技术经验。

最后，制造业教育与义务教育相结合。英国义务教育阶段就进行了产业教育渗透，把工艺设计课程列为必修课（赵立莹，赵景辉，2006）❶，使每一位公民都有了解和参与工业发展的义务与机会，也为学生将来成长为通才和专才创造条件，制造业教育几乎成为每个公民的必修课，使制造业的发展引起了全民族的关注和重视，也为英、美成为世界制造业强国奠定了坚实的基础。

2.4.5　对于中国的启示

各国工业化进程的经验表明，无论是顶层制度设计还是操作层的实践，都需要建立一支数量充足、结构合理、分工协作的职业人才队伍，从而能够创造发明、掌握使用工业化进程中的产业共性技术，同时管理技术研发集团和大型企业，职业技术人才的竞争成为各国产业竞争的核心。对此，发达国家和地区在构建职业教育体系、培养并吸纳职业技术人才方面都做足工夫，并且形成了自身独特的做法。中国虽然是世界第一制造业大国，但在世界产业链条中仍然处于低端地位，工业化进程尚未结束，但"人口红利"和低成本劳动力优势已经难以为继，中国的产业发展如何在研发、技术、服务、生产等方面有所突破，培养和吸引全球优秀职业技术人才，通过"人才红利"取得国际竞争优势，是摆在我们面前的巨大挑战。德国、日本、美国和其他亚、欧国家的经验为我国提供了大量的有益启示（见表

---

❶ 赵立莹，赵景辉.英、美制造业人才培养特点及启示[J].中国职工教育，2006（8）：34-35.

2-6），无论是德国校—企联合的"双元制"模式，还是美、日等发达国家的多途径、综合式的职业教育模式，都在适应各自国情的市场经济发展和产业结构升级过程中形成了具有国家特色的教育体系，政府、企业和教育机构的分工合作为中等职业教育构筑了畅通的人才教育和输送渠道。

对比这些国家的模式，我国中等职业教育模式的主要问题表现为：①职业教育还没有真正以市场为导向。除了少数具有行业背景的中等职业教育学校之外，多数院校基本上没有与区域经济社会或行业、企业建立稳固、有机的合作关系，社区政府、行业、企业参与职业院校专业设置和教学设计的制度尚未成形。②职业教育与普通高等教育和高等职业教育之间的双向沟通关系还未建立。除了成人教育院校之外，中等职业教育学校所提供的教育服务主要局限于全日制的学历教育，或职前教育，而缺少适应终身教育的服务机制和模式，无法满足市场对中等职业教育的多样化需求。③在职业教育办学模式变革中，政府起着主导作用，有利于规范管理，并服务于政府的产业、就业政策。但是由于政府的影响渗入职业教育的各个方面，教育机构失去了按市场规律办学的主动性与积极性，从而导致"一抓就死，一放就乱"的矛盾，成为困扰职业教育办学模式的重要问题。

表2-6　主要国家职业教育模式[1][2][3][4]

国家	模式	特点	优势
德国	双元制	政府与企业合作、企业和非全日制职业学校合作培养专业技术工人的双元组织形式	充分利用企业和学校两方面的资源,既有利于提高质量又有利于提高就业率
澳大利亚	技术与继续教育	政府直接经营和管理,提供全国职业技术教育和培训的教育体系,技术教育与继续教育相结合,学历教育与岗位培训相结合,实行柔性的教育培训方式等措施。"学习—工作—再学习—再工作"的终身教育模式	职业技术教育不再被局限于学历教育的框架,从传授知识为中心转到培养实际工作能力为中心,职业教育与市场、社会更紧密。工读交替的学习培训制度将学生在企业中学到的实际操作和在职业学校中学到的理论知识交叉结合
美国	学校—工作多途径法	包括了所有将学校与工作联系起来的职业教育模式:学校本位学习、工作本位学习及联合活动。采纳了青年学徒制和合作教育模式,强调实际工作经验	为所有中学年龄段的青年,特别是高中接受职业教育的青年和已辍学的青年提供教学。根据情况向学生提供高中毕业证书、全国通用的技能证书、学士学位,克服了以往许多职业教育模式中缺乏证书造成的弊端
日本	综合高中	将普通教育与专业教育综合起来,培养具有现代社会生存能力的人才,注意培养国际化与信息化相关的能力与技能技术,在综合的原则上体现特色	学生可以根据自己的学习计划开展学习,使主动研修课程成为可能,对发展学生个性,培养学生选择未来去向的能力,塑造职业生活所必需的良好素质发挥了重要作用

---

[1] 陈文举.法国、德国、挪威职业教育的考察及启示[J].教育与职业,2009(9):19–21.

[2] 周彬,徐朔.澳大利亚TAFE与中国职业教育比较[J].开放教育研究,2003(10):54–56.

[3] 周加仙,石伟平.20世纪美国中等职业教育模式的历史演变[J].外国教育资料,2000(3):64–66.

[4] 朱励群,李庆华.俄罗斯中等职业教育改革发展状况及启示[J].职业技术教育,2006(2):80–82.

国家	模式	特点	优势
俄罗斯	终身职业教育	职业学校自主权提升,促进职业教育体制的多样化,强化内部管理,引入竞争机制,实行目标责任制、全员聘任制、结构工资制,提高教学效率	职业教育体系的创新发展,实现教育、科研和实践活动的有机结合,毕业生能够适应劳动力市场的要求

第3章 中国工业化进程中的职业教育发展

中国目前处于工业化中后期,但工业化的各方面表现并不均衡。随着产业政策和共性技术战略的推进,中国的工业化进程不断受到国家层面制度设计的影响,其发展比其他国家更为迅速,表现为产业结构和就业结构的剧烈变动。但是在此过程中,中国的职业教育规模扩张和结构转型不尽合理,职业教育制度和职业培训体系也存在一定的缺陷,技能型人才的培养数量和质量均与工业化的人才需求存在差距。

3.1 中国的工业化进程

3.1.1 工业化阶段评估及其特征

改革开放以来,中国人均国内生产总值从1978年的382元人民币增加到2014年的46629元人民币,约合7485美元,呈现工业化中后期特征。三次产业产值构成在1985年以前为第二产业>第一产业>第三产业,从1985年到2011年,表现为第二产业>第三产业>第一产业,并且从1993年开始,第一产业产值比重下降至20%以下,且持续保持下行态势,至2010年已经下降到10%以下;从2012年开始,全国整体表现为第三产业>第二产业>第一产业的构成状况,2014年我国三次产业增加值构成分别为,第一产业9.2%,第二产业42.7%,第三产业48.1%,呈现出后工业化阶段特征。从制造业增加值比重来看,我国工业产业增加值从20世纪60年代初期的31.9%增长至20世纪80年代初期的40%以上,在2008年以前基本维持在40%左右,此后呈现稳步下降状态,2014年工业增加值占比约为35.9%(见图3-1)。

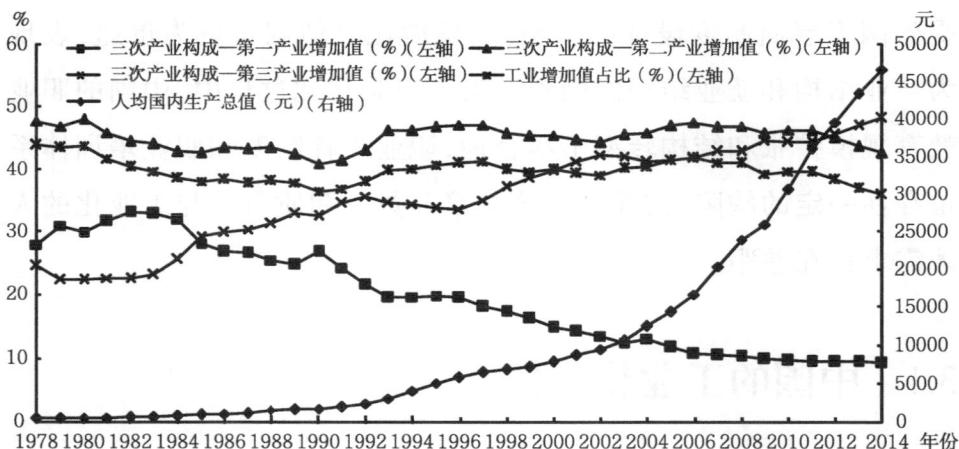

图3-1　中国人均国内生产总值、三次产业和工业增加值占比[1]

从人口和就业状况来看,从1978年到1995年,我国城镇人口以年均4.5%的增长率扩大,但城镇人口比重一直保持在30%以下,城镇就业人口比重从1978年的23.7%扩大至1995年的28.0%。从

[1] 中华人民共和国国家统计局.中国人均国内生产总值、三次产业和工业增加值占比[EB/OL].(2016-01-01)[2016-04-22].http://data.stats.gov.cn.

1996年到2010年,城镇人口年均增长率下降至3.8%,城镇人口比重从1996年的30.5%上升至2010年的49.9%,同期城镇就业人口比重从28.9%扩大到45.6%。从2011年开始,中国城镇人口比重超过50%,2014年约占总人口的54.8%,城镇就业人口比重扩张至50.9%,城市化状况呈现出工业化中期的特征。从就业人口的产业分布来看,我国第二、三产业就业人员比重呈现上升态势,第三产业就业增长率快于第二产业,从1994年开始,第三产业就业人员比重超出第二产业,至2011年又超过第一产业,成为吸纳我国就业人员的主要产业。第一产业就业人员比重从1987年开始降至60%以下,2005年降至45%以下,2014年中国第一产业就业占比为29.5%,首次降至30%以下的水平,呈现出工业化后期的特征(见图3-2)。

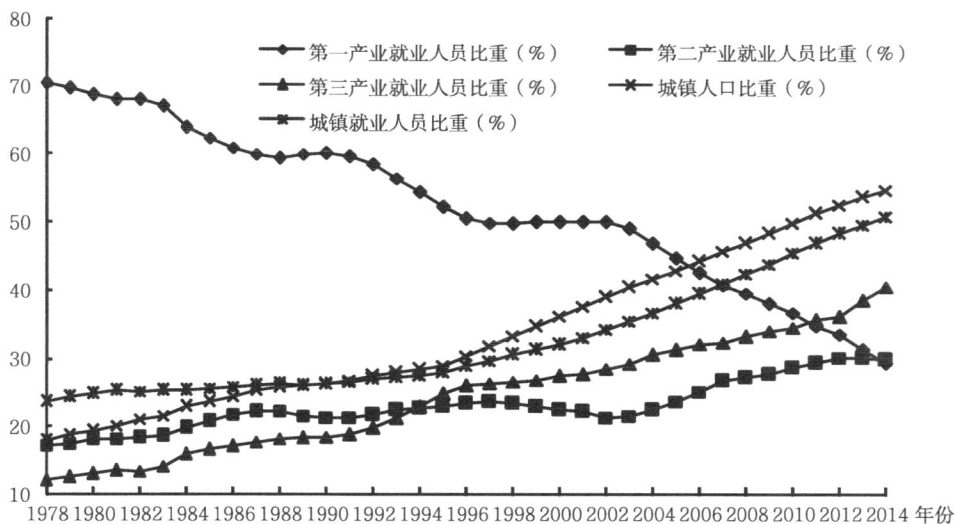

图3-2　中国三次产业就业人员、城镇人口和城镇就业人员比重[1]

---

[1] 中华人民共和国国家统计局.中国三次产业就业人员、城镇人口和城镇就业人员比重[EB/OL].(2016-01-01)[2016-04-22].http://data.stats.gov.cn.

综合人均国内生产总值、三次产业和工业增加值占比、三次产业就业人员占比及城镇人口比重的状况，对比表2-1的阶段性规律，可以将反映中国工业化进程的主要指标总结为表3-1，从中可以发现，我国经济产值结构、就业产业结构和城市化规律所表现出的工业化阶段性特征有所差别，当前产业增加值比重呈现后工业化阶段特征，人均国内生产总值和就业人口的产业结构呈现工业化后期特征，而城市人口比重则表现为工业化中期特征，基本可以判断，我国目前整体而言正处于工业化中后期，同时工业化各要素发展并不平衡，就业人员产业转型和城市化水平相对滞后。

表3-1 工业化进程阶段划分与中国的相应年份[1]

基本指标	前工业化阶段	工业化初期	工业化中期	工业化后期	后工业化阶段
三次产业产值结构	A>I	A>20%,A<I	A<20%,I>S	A<10%,I>S	A<10%,I<S
			1992年开始	2008年开始	2012年开始
制造业增加值占比	20%以下	20%~40%	40%~50%	50%~60%	60%以上
		1978—2014年			
人口城市化率	30%以下	30%~50%	50%~60%	60%~75%	75%以上
	1997年之前	1998—2013年	2014年开始		
第一产业就业占比	60%以上	45%~60%	30%~45%	10%~30%	10%以下
	1987年之前	1988—2004年	2005—2013年	2014年开始	

---

[1] 中华人民共和国国家统计局.工业化进程阶段划分与中国的相应年份[EB/OL].(2016-01-01)[2016-04-22].http://data.stats.gov.cn.

3.1.2　产业政策和共性技术战略

与其他工业化国家相似,中国政府在推动工业化进程中也实施了一系列产业政策,这些政策对于中国职业教育的发展产生了重要的影响。产业政策是政府为改变产业间的资源分配和各种产业中私营企业的某种经营活动而采取的政策,当竞争性市场存在的缺陷,自由竞争导致资源分配和收入分配出现问题时,为提高本国经济福利水平,政府可以实施产业政策❶❷。产业政策是一国政府为实现某种经济社会目标,对产业活动实施经济干预的政策和措施的总和,因此它具有非常明显的国家特色,反映了一国的经济和制度历史。中国职业教育制度的演变过程受到产业、职业就业政策的影响,大量职业教育制度的改变源于适应产业政策和就业政策调整的需要,几乎贯穿了改革开放后中国工业化进程的整个过程。

表3-2总结了1978年以来我国产业政策调整的阶段和重要政策建议的主要内容。1978年以来经历的改革阶段呈现出渐进深入的特征:产业结构调整政策上经历了从无到有,从模糊到明确化过程,可操作性逐步加强;调整方式上经历了从"计划调节为主、市场调节为辅"到主要依靠市场力量,配合国家宏观调控机制的变革;从程度上看则经历了从产业结构转向产业组织及企业所有制为核心的产权机制改革,逐步深入微观主体核心内容改革;从产业政策范围来看,经历了重点关注某些行业到各行业轻重有序、协调发展的过程;从结构转型动力来看,逐步由主要依赖政策强制性变动转向

---

❶ 伊藤元重.産業政策の経済分析[M].東京:東京大学出版会,1988.

❷ 小宫隆太郎.日本的产业政策[M]. 黄晓勇,译.北京:国际文化出版公司,1984.

需求诱制性变动。整体来看,这一变动过程是渐进式、阶段性的,重大制度安排发生转变之后,通常会伴随着产业就业结构的较大调整,但整体来看并不存在重大跳跃。

表 3-2 改革开放后产业政策阶段和主要建议

时间	阶段	重大政策建议	主要内容
1978—1984年	放权让利下的制度改变	1978年11月《关于加快农业发展若干问题的决定》;1983年,轻工业发展"六优先"的扶持政策	在农业发展政策方面,缩小工农业产品差价,实行家庭联产承包责任制,调整农业内部结构,大力发展乡镇企业,将各项农业政策的实施和农业发展引入市场的轨道。在轻工业发展政策方面,执行优先发展轻工业的产业政策,采取优先安排轻纺工业所需的能源和原材料、建设投资的银行贷款、进口用汇、交通运输等特殊措施 继续扶持轻工业发展政策,在能源供给、原材料供应、贷款、运输、外汇、技术改造拨款六个方面优先扶持轻工业。投资倾斜于基础产业的发展政策,将能源、交通、运输、邮电通信产业作为经济发展的重点,国家预算内投资向基础产业倾斜。以放松价格管制来支持原材料产业发展政策,采取较明确的支持原材料产业发展政策,轻微放松了价格管制,鼓励地方小企业进入原材料领域并不受价格管制

时间	阶段	重大政策建议	主要内容
1985—1988年	产业政策制定下的制度变革	1986年《国民经济和社会发展第七个五年计划》	保证农业的发展,改善轻工业、重工业内部的结构;加强能源、原材料工业的发展,适当控制一般加工工业生产的增长;优先发展交通运输和通信业;发展建筑业;加快第三产业的发展;促进新兴产业的形成,加快用新技术改造传统产业。主要产业政策是通过经济体制改革来调整产业结构:改革农业经济体制,进一步完善和发展各种形式的联产承包责任制;发挥价格政策的调节作用,提倡优质优价,实行政策倾斜,促进消费品工业发展;改革能源投资体制,鼓励地方、部门和企业集资办电;提高机械电子产品的质量和性能,加强科学研究和新产品开发能力,振兴机械电子工业;鼓励多方筹资办交通和通信事业,适当调整运输价格
1989—1991年	承包制安排下的制度变革	1989年3月《国务院关于当前产业政策要点的决定》	针对当时经济中出现的加工产业和基础产业发展失调,一般加工产业和高水平加工产业失衡,地区产业分布不合理,企业组织结构集中程度差和专业化水平低等问题制定措施。再次将农业作为产业扶持的重点,明确限制部分轻工业发展政策,促进机械制造业技术进步的政策,大力支持基础产业和原材料产业发展,对经济效益差,污染严重的小钢铁、小有色金属、小炼油、小建材厂加以限制

时间	阶段	重大政策建议	主要内容
1992—1996年	要素市场全面启动下的制度变革	1992年6月《国务院关于加快发展第三产业的决定》；1994年3月《90年代国家产业政策纲要》	又一次强调农业发展政策。重点扶持基础工业发展政策，合理引导包括外资在内的社会资金、推进企业经营管理制的转换，优化产业组织。大力发展第三产业，发展投资少、收效快、就业量大及与经济和人民生活关系密切的行业；发展与科技进步相关的新兴行业；农业生产的产前、产中、产后的服务行业；对国民经济发展具有先导性影响的基础行业。大力扶持支柱产业的发展，以机械电子、石油化工业、汽车制造业和建筑业四大产业为支柱产业，推动产业结构升级换代
1997—2004年	产权配置制度改革下的制度变革	1998年及2000年更新《当前国家重点鼓励发展的产业、产品和技术目录》	优先发展：当前和今后一个时期有较大的市场需求，发展前景广阔，有利于开拓国内市场的行业；有较高的技术含量，有利于促进企业设备更新和产业技术进步，提高竞争力的行业；国内存在从研究开发到实现产业化的技术基础，有利于技术创新，能够形成新经济增长点的行业；符合可持续发展战略，有利于节约资源和改善生态环境的行业

时间	阶段	重大政策建议	主要内容
2005 年至今	新时期	2005 年 11 月《促进产业结构调整暂行规定》；2005 年 12 月《产业结构调整指导目录》；2011 年 3 月《产业结构调整指导目录》	巩固和加强农业基础地位；加强能源、交通、水利和信息等基础设施建设，增强对经济社会发展的保障能力；优化能源结构，构筑稳定、经济、清洁的能源供应体系；以扩大网络为重点，形成便捷、通畅、高效、安全的综合交通运输体系；以振兴装备制造业为重点发展先进制造业，发挥其对经济发展的重要支撑作用；加快发展高技术产业；提高服务业比重，优化服务业结构，促进服务业全面快速发展；大力发展循环经济，建设资源节约和环境友好型社会；优化产业组织结构，调整区域产业布局；提高产业对外开放水平，促进国内产业结构升级

30 多年来，我国的产业政策取得了一定的效果，主要表现在：延续至改革开放之前的轻、重工业的比例失调得到了改善，基础产业的发展缓解了国民经济发展的瓶颈；农业发展严重滞后的状况得到了改善，农村家庭联产承包责任制使得粮食供应得到了保障，并提高了农业职业者的工作积极性，农业、农村经济和农民收入得到了一定程度的提高；高技术工业和第三产业的发展使得产业结构进一步优化。

但是，我国产业政策在制定和实施过程中仍然存在众多问题，不利于产业就业结构的提升：其一，第二产业中部分行业同构和产品同质现象严重，不仅导致社会物质资源的浪费，也不利于人力资本的有效利用;其二,一些行业行政壁垒的存在使得企业仍然无法通过市场手段来解决行业进入和退出问题,部分资本密集度较高的国有企业虽然效率较低,但仍然无法退出市场,就业吸纳能力较强的民营中小企业进入困难,导致产业之间劳动力资源转移困难;其三,农业的基础地位仍然薄弱,"三农"问题依然成为我国经济发展无法逾越的一个瓶颈,农民人均人力资本存量较低,使得职业转换和行业流动能力较弱,阻碍了农村产业就业结构提升;其四,第三产业中新兴行业发展比较缓慢,主要依赖传统服务业提升就业比重,竞争力较弱,尤其和国际同行相比,部分体制改革缓慢的行业就业形势不容乐观。

中国工业化进程离不开技术进步的力量,产业政策需要共性技术战略与之相配合。新中国成立之初,我国就相当重视基础科学技术的发展及其对工业、农业和国防建设的服务作用,尽管事实上更多的是向国防建设和高技术领域的引导,并仿照苏联的模式建立了大而密的科研机构,但是毕竟为构建了以独立研究院所与高等院校为基础的两大技术研究队伍。改革开放后,我国进入科技体制改革阶段,中国提出了大量与共性技术发展相关的决定和计划纲要,对科技体制改革目标、具体任务等提出了方向,科技工作完成了面向经济建设主战场、发展高技术研究、加强基础研究三个层次的部署。1982 年后,中国陆续在基础研究、应用开发、成果转化与产业化的科技活动各阶段上推出了一系列专项科技计划,初步形成了我国较为完善的科技计划体系(张清辉,丁黎军,2012)。❶进入 20 世

---

❶ 张清辉,丁黎军.产业共性技术开发平台研究国际比较[J].中国管理信息化,2012 (5):48–50.

纪90年代,我国将共性技术列入国家各项科技发展计划,国家科学技术委员会于1996年颁发以促进高新技术扩散转化为主要任务的《星火计划管理办法》,旨在促进高新技术成果的商品化、产业化和国际化。国家工程技术中心、国家工程中心、国家技术创新工程和行业技术开发基地等计划都明确支持共性技术研究,各项共性技术也都逐步进入创新研发阶段。进入21世纪之后,我国以共性技术发展为主要目标之一的国家(重点)实验室、国家工程实验室和国家工程中心等机构蓬勃发展,产业技术创新战略联盟、工业技术研究院、技术创新服务平台等新载体不断涌现。

我国共性技术取得的成就是与一系列技术发展计划与攻关计划密切相关的,例如实施高新技术研究发展的"863计划"、国家科技支撑计划与《国家中长期科学和技术发展规划纲要(2006—2020)》等。2009年国务院《关于发挥科技支撑作用促进经济平稳较快发展的意见》明确要求"加快产业共性技术和竞争前技术的研发和推广应用";国民经济和社会发展"十二五"规划纲要正式提出"强化基础性、前沿性技术和共性技术研究平台建设";2015年"十三五"规划建议中则特别强调"提高劳动密集型产品科技含量和附加值,营造资本和技术密集型产业新优势,提高我国产业在全球价值链中的地位……坚持战略和前沿导向,集中支持事关发展全局的基础研究和共性关键技术研究,加快突破核心技术",这些都对共性技术发展提出了目标,也对于相关的人才培养提出了更高的要求。

3.1.3　产业结构与就业结构的变动

工业化阶段是劳动力需求结构演变的关键阶段,在优化产业结构的过程中,产业政策和共性技术战略起到了重要的作用,也对劳动力需求产生了重要影响。劳动力的素质和技能的更高要求则对相关的人力资本投资政策产生导向作用,其中的重要表现即为职业教育和职业培训的变化。

产业就业结构演变的研究可以追溯到17世纪英国经济学家威廉·配第,他在《政治算术》中认为:制造业比农业,进而商业比制造业能够得到更多的收入,这种不同产业之间相对收入上的差异,就会促使劳动力向能够获得更高收入的部门移动。虽然当时产业分类与现代不同,但其产业就业结构的演变思想却是相同的。之后,美国经济学家克拉克在《经济进步的条件》一书中整理了20几个国家总产出和各部门劳动力投入的时间序列数据,通过统计分析揭示了经济进步过程中产业部门间就业结构变化的一般规律:由于产业间产品附加价值的差异及由此带来的相对收入的差异,劳动力首先由第一产业向第二产业转移,当人均国民收入水平进一步提高时,劳动力又向第三产业转移,需求因素和效率因素是引起产业就业结构演变的主要因素。西蒙·库兹涅茨在继承克拉克研究成果的基础上,采用多国样本更全面、深入地验证了三次产业的演化规律:劳动力的工业部门份额的上升,比起劳动力的农业部门份额的下降来说,其幅度显得有限,而劳动力的服务业部门份额上升的情况十分普遍,这与总产值中该部门份额没有持续上升形成对照;从截面考察和长期趋势两个方面分析劳动力的部门份额变化表明不同收入国家的就业结构与同一国家不同发展阶段的就业结构演变大体上是一致的,因而可以用发达地区各个截面的数据来粗略地预测落后地区就业结构演变的未来趋势。如果说上述劳动力就业结构演变的认识是建立在对大量历史资料进行统计分析基础之上的话,刘易斯则为这一过程的运行机制进行建立了理论上的模型,他认为发展中国家人口增长十分迅速,农业人口所占比例的下降一般不能被制造业人口所占比例的提高所完全抵消,其他各类就业机会的扩大都发生在服务业领域;就业结构的变化主要受报酬差别的影响,劳动力从农业转到其他产业是增长的结果而不是增长的原因。

　　无论是克拉克、库兹涅兹或是刘易斯,他们都只是指出了经济发展过程中就业结构转变的一般趋势和引起这一结构转变的基本动因。钱纳里则凭借世界银行丰富的数据资源,将产业结构的演化规律研究范围进一步扩展到许多发展中国家,进一步研究了在不同的经济发展阶段上,劳动力转移与经济发展水平之间的数量关系,从而为发展中国家和地区提供了参照体系。❶

　　基于经验数据统计和计量分析的研究方法后来成为产业就业结构变动研究的蓝本,近期对国家或地区就业结构演变的研究也不外乎以下内容:描述产业就业结构变动的历程,总结变动特征,分析变动原因,预测变动趋势,提出变动中存在的问题及建议❷❸❹。虽然这些理论不是十分正式的,有时甚至只是描述性的,但为我们考察

---

❶ 陈凌,张原.职业—产业就业结构变迁规律研究——来自中国1982—2000年数据的实证分析[J].技术经济,2007(9):1-8.

❷ C WREN, J TAYLOR. Industrial Restructuring and Regional Policy[J]. Oxford Economic Papers, 1999, 51(3):487-516.

❸ ER RISSMAN. Can Sectoral Labor Reallocation Explain the Jobless Recovery[J]. Chicago Fed Letter, 2003(12):36-39.

❹ JE ZVEGLICH, YVDM RODGERS. Occupational Segregation and the Gender Wage Gap in a Dynamic East Asia Economy[J]. Southern Economic Journal. 2004, 70(4):850-875.

具有相似起始条件的各国或地区的经济增长提供了有用的见解和可供参考的框架。国内学者对产业就业结构演变的研究,一般从三次产业分类的角度展开,而且由于统计数据的局限对于省或地区产业就业结构的演变研究时限较短,国内产业就业结构演变的研究与国外相比具有很多的特殊性,更多受到国家和地方政策的影响[1][2][3]。新的研究最大的贡献是对过去寻求标准"发展模式"的理论思路提出了挑战,各国发展的特殊性表明统一发展路径及依据理论"最优路径"制定的产业就业结构政策可能并不符合一国的实际,需要更多针对个性化国家的理论、经验研究和实际政策。

基于三次产业分类法,我们可以探讨就业结构是否与劳动力需求结构相适应的问题,主要采用结构偏离度来进行观察。结构偏离度指标用于衡量产业结构与就业结构之间存在的不均衡,其公式为

结构偏离度=1 – GDP 的产业构成百分比／就业的产业构成百分比

从结构偏离度的计算公式可以看出,结构偏离度的绝对值越小,产业结构与就业结构的偏离度就越小,结构越接近均衡;结构偏离度大于零时(正偏离),就业份额大于产业产值份额,产业存在劳动力转出的可能性;结构偏离度小于零时(负偏离),就业份额小于产值份额,产业存在劳动力转入的可能性;结构偏离度等于零时,结构处于完全均衡状态,结构偏离度绝对值越大,表明产业结构和就

---

[1] 王爱文,莫荣,卢爱红.中国就业结构问题研究[J].管理世界,1995(4):198–220.

[2] 郭克莎.中国工业化的进程、问题与出路[J].中国社会科学,2004(1):5–11.

[3] 李仲生.中国产业结构与就业结构的变化[J].人口与经济,2003(2):43–47.

业结构越不对称。

按照这一方法计算中国的三次产业结构偏离度可以发现,第一产业结构偏离系数均为正值,虽然波动幅度较小,但在20世纪90年代中期开始出现小幅上升,表面农业中的劳动转移仍须加大力度。第二产业结构偏离系数均为负值,从1978年到20世纪80年代中期,二产吸纳了劳动力满足其人力资源要求的状况比较明显;而在1985年到21世纪初,二产结构偏离度一直维持在-1左右,表明其所需的人力资源得不到有效的满足;从2004年开始,这一状况得到了一定的改善,结构偏离度从2004年的-1.04转变为2014年的-0.43,表明二产吸纳了适当的劳动力来使其产业就业结构趋于合理,但是到目前为止,第二产业的就业结构依然没有完全合理,存在就业转入的需要。第三产业偏离结构系数也是负值,但是绝对值一直小于第二产业,说明其产业就业结构转型较后者更为合理,2014年,第三产业结构偏离度为-0.18,基本趋于零,这意味着第三产业的产值和就业结构基本处于均衡状态,但也意味着其吸纳劳动力方面的优势已逐步收窄(见图3-3、表3-3)。

偏离度

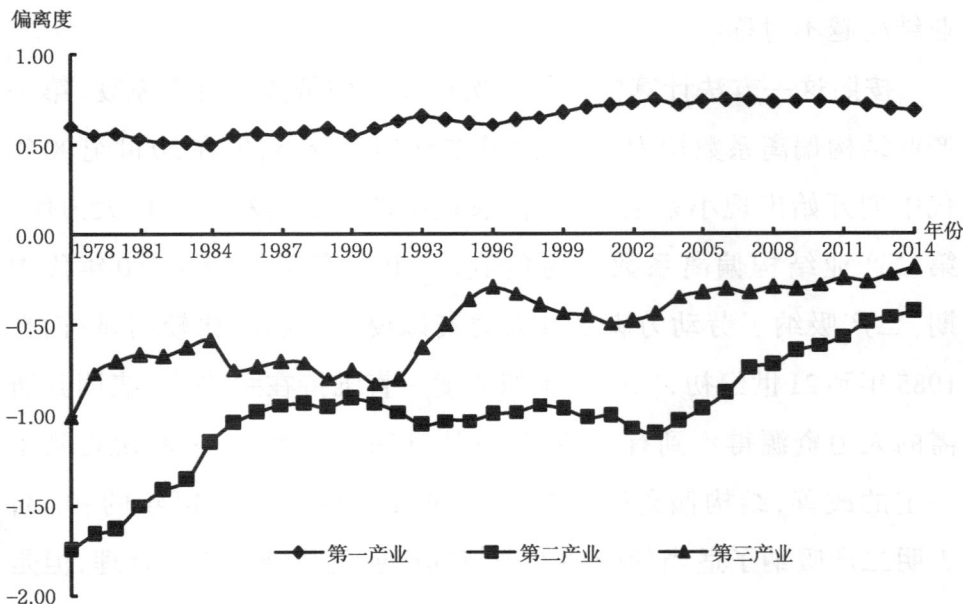

图3-3 中国三次产业结构偏离度状况❶

表3-3 中国产业就业比重、产业产出比重和就业结构偏离度❷

年份	就业产业构成(%)			GDP产业构成(%)			结构偏离度		
	一产	二产	三产	一产	二产	三产	一产	二产	三产
1978	70.53	17.30	12.18	27.90	47.60	24.50	0.60	-1.75	-1.01
1979	69.80	17.58	12.62	30.90	46.80	22.30	0.56	-1.66	-0.77
1980	68.75	18.19	13.06	29.90	47.90	22.20	0.57	-1.63	-0.70
1981	68.10	18.30	13.60	31.60	45.80	22.60	0.54	-1.50	-0.66
1982	68.13	18.43	13.45	33.00	44.50	22.50	0.52	-1.42	-0.67
1983	67.08	18.69	14.23	32.80	44.10	23.10	0.51	-1.36	-0.62
1984	64.05	19.90	16.06	31.80	42.80	25.50	0.50	-1.15	-0.59

❶ 中华人民共和国国家统计局.中国三次产业结构偏离度状况[J].中国统计年鉴，1978—2014.

❷ 中华人民共和国国家统计局.中国产业就业比重、产业产出比重和就业结构偏离度[J].中国统计年鉴,1978—2014.

续表

年份	就业产业构成（%）			GDP产业构成（%）			结构偏离度		
	一产	二产	三产	一产	二产	三产	一产	二产	三产
1985	62.42	20.82	16.76	28.10	42.60	29.30	0.55	−1.05	−0.75
1986	60.95	21.87	17.18	26.80	43.40	29.80	0.56	−0.98	−0.73
1987	59.99	22.22	17.80	26.50	43.20	30.30	0.56	−0.94	−0.70
1988	59.35	22.37	18.28	25.40	43.40	31.20	0.57	−0.94	−0.71
1989	60.05	21.64	18.31	24.70	42.40	32.90	0.59	−0.96	−0.80
1990	60.10	21.40	18.50	26.70	40.90	32.40	0.56	−0.91	−0.75
1991	59.70	21.40	18.90	24.20	41.40	34.50	0.59	−0.93	−0.83
1992	58.50	21.70	19.80	21.40	43.00	35.60	0.63	−0.98	−0.80
1993	56.40	22.40	21.20	19.40	46.10	34.50	0.66	−1.06	−0.63
1994	54.30	22.70	23.00	19.50	46.10	34.40	0.64	−1.03	−0.50
1995	52.20	23.00	24.80	19.70	46.70	33.70	0.62	−1.03	−0.36
1996	50.50	23.50	26.00	19.40	47.00	33.60	0.62	−1.00	−0.29
1997	49.90	23.70	26.40	18.00	47.00	35.00	0.64	−0.98	−0.33
1998	49.80	23.50	26.70	17.20	45.70	37.10	0.65	−0.94	−0.39
1999	50.10	23.00	26.90	16.10	45.30	38.60	0.68	−0.97	−0.43
2000	50.00	22.50	27.50	14.70	45.40	39.80	0.71	−1.02	−0.45
2001	50.00	22.30	27.70	14.10	44.70	41.30	0.72	−1.00	−0.49
2002	50.00	21.40	28.60	13.40	44.30	42.30	0.73	−1.07	−0.48
2003	49.10	21.60	29.30	12.40	45.50	42.10	0.75	−1.11	−0.44
2004	46.90	22.50	30.60	13.00	45.80	41.20	0.72	−1.04	−0.35
2005	44.80	23.80	31.40	11.70	46.90	41.40	0.74	−0.97	−0.32
2006	42.60	25.20	32.20	10.70	47.40	41.90	0.75	−0.88	−0.30
2007	40.80	26.80	32.40	10.40	46.70	42.90	0.75	−0.74	−0.32
2008	39.60	27.20	33.20	10.30	46.80	42.90	0.74	−0.72	−0.29
2009	38.10	27.80	34.10	9.90	45.70	44.40	0.74	−0.64	−0.30
2010	36.70	28.70	34.60	9.60	46.20	44.20	0.74	−0.61	−0.28
2011	34.80	29.50	35.70	9.50	46.10	44.30	0.73	−0.56	−0.24
2012	33.60	30.30	36.10	9.50	45.00	45.50	0.72	−0.49	−0.26
2013	31.40	30.10	38.50	9.40	43.70	46.90	0.70	−0.45	−0.22

年份	就业产业构成（%）			GDP产业构成（%）			结构偏离度		
	一产	二产	三产	一产	二产	三产	一产	二产	三产
2014	29.50	29.90	40.60	9.20	42.70	48.10	0.69	−0.43	−0.18

对比德国的三次产业结构偏离度状况可以发现,中国产业结构与就业结构的变动中呈现出的不合理状况较为显著,且持续时间较长。德国第一产业的结构偏离度绝对值是三次产业中最高的,整体呈现下降趋势,第一产业中的就业结构与产业结构的偏离正逐步缩小,但偏离度始终保持正值说明第一产业的就业份额一直大于产值份额,说明从事第一产业的劳动力仍有转出的趋势。第二产业的结构偏离度在2005年之前也一直为正值,表明不断有劳动力转入第二产业,但其偏离度不断缩小,从1991年的0.11逐渐下降至2005年的0.02,已经基本接近均衡状态,但从2006年开始,第二产业结构偏离度又开始出现轻微的负偏离,2010年偏离度为−0.06,说明德国第二产业的就业份额小于其产值份额,产业存在劳动力转入的可能性,这一发展过程表明德国制造业在经历去工业化的过程之后开始重新评估产业空心化可能带来的问题,尤其是经过全球经济危机的洗礼之后,德国制造业调整发展步伐,回归其在整体经济中的地位,保持制造业的竞争优势和就业份额对于稳定经济具有重要作用。与第二产业相比,第三产业则呈现出几乎相反的趋势,从20世纪90年代初开始,德国第三产业就业结构偏离度一直为负,表明第三产业具有一定的就业吸纳能力,这一状况一直维持到2006年,之后则几乎维持在零偏离的状况,表明第三产业已经进入稳定发展期,劳动力部门间转移不会发生重大变化(见图3-4)。

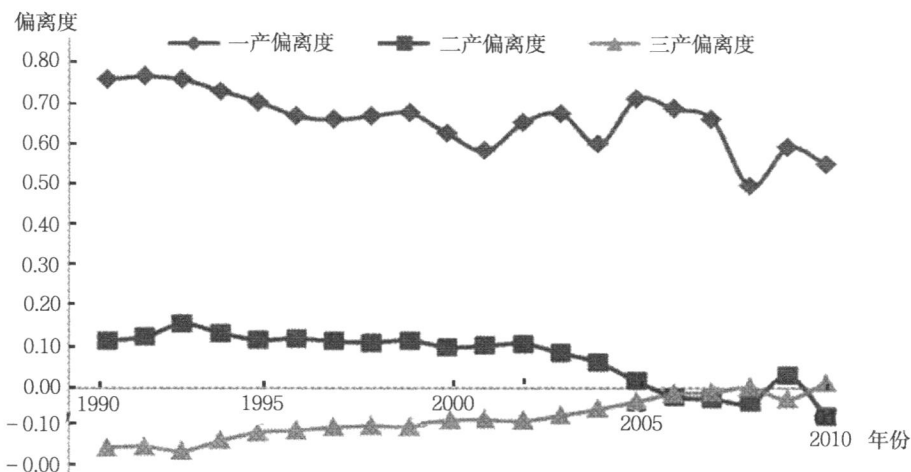

图3-4 德国产业就业结构偏离度状况❶

当然,仅仅观察产业就业结构偏离度也可能遗漏一些重要的变化,比如德国第二产业内部也开始了第三产业渗透的过程,即在企业内部开辟出了一个从事服务业劳动的部门,而不是将这些工作外包给专门的服务业机构,这个过程可以称为第二产业内部的三产化;随着信息和网络技术的发展,第二产业内部开始的创新型发展已经开启了新一轮的产业革命——第四次工业革命。这些变化都会导致劳动力需求的悄然改变:首先是分工的细化程度进一步提升,专门型人才的需求增加,专、精、尖型人才更受欢迎;其次是要求传统制造业部门的就业者开始分化,尽管这些劳动者同属制造业大类,但实际从事工作却与传统的制造业相去甚远;再次是管理人员的综合能力更受重视,从事服务性工作的制造业劳动者不仅需要了解传统制造业,更需要拥有综合性的知识技能来整合制造业和与之相关的服务业,才能在不断细化的分工过程中实现

❶ 经济学人信息部(EIU)CountryData 数据库.德国产业就业结构偏离度[EB/OL].(2011-01-01)[2015-09-21]. http://www.eiu.com.

整体产品、市场和企业的协调发展；最后是产业和企业顶层设计类人才越来越受重视，尤其是改变生产模式和创新生产方式的人才资源成为"第四次工业革命"不可或缺的生产要素。

3.2　工业化对职业教育的需求

3.2.1　工业化推动职业教育总量扩张

上述工业化进程表明，中国的产业结构合理化还将持续较长时期，尤其需要人力资源部门间流动的有效性提升，农业部门的转移人员需要相关的知识储备支撑，工业和服务业的人员流动也有赖于劳动者技能的转换，由此可见，中国工业化发展和产业结构转型需要大量有效配置的职业技术人才。

观察历史事实可以发现，从总量来看，中国职业教育学生规模与第二产业就业比重的同步扩张的趋势（见图3-5），两者的发展趋势显示出一定的规律。在20世纪80年代之前，职业教育学生没有明显的扩张，而第二产业就业比重则在20世纪70年代之前就开始明显增长，因此两者的差距持续扩大。从20世纪80年代中期之后，第二产业就业比重扩展速度开始逐渐下降，而职业教育学生数占比则快于之前时期，因而两者的差距开始缩小。从21世纪初开始，两者都出现了快速扩张的趋势，并且职业教育学生数的比重增长率更快，职业教育发展逐步适应工业化发展的需要。对比第三章中部分国家和地区的状况可以发现，中国工业化对职业人才的拉动影响遵循了发达国家和地区的基本规律，但同时也存在发展规模和增长速度上的差异与问题。

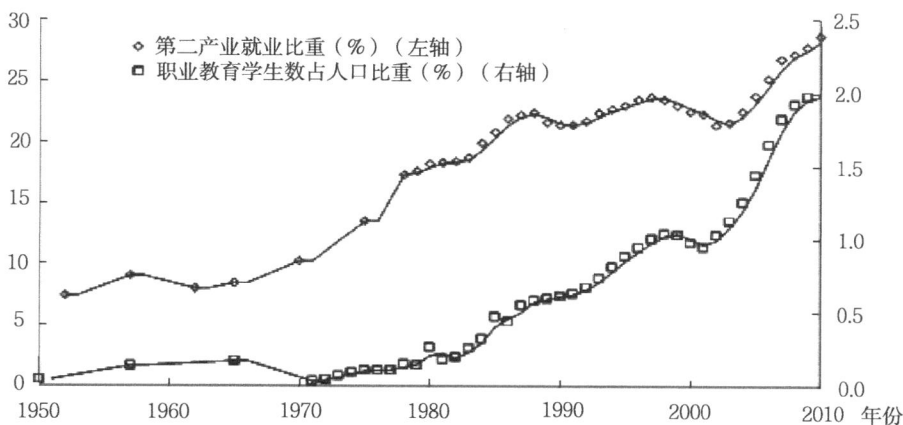

图 3-5　中国职业教育规模与二产就业比重❶

3.2.2　工业化推动职业教育结构转型

从结构方面来看,中国工业化发展对于职业教育的拉动与普通教育之间存在差距,职业教育内部结构也亟须调整。2004 年之后,我国普通教育学生人数改变了快速增长的趋势,基本稳定在一千万以下,但其总量仍是职业教育的 4~5 倍(见图 3-6),这一状况与发达国家工业化中期职业教育快速扩张和普及化的趋势存在较大差异。从职业教育内部来看,中等专业学校、职业中学等中等职业教育在我国职业教育中占据了主要份额,高等职业学校直到 21 世纪初期才开始出现较快增长,工业化中期中等职业教育规模大约是高等职业教育的 3~5 倍见(见图 3-7),而高等职业学校盲目升本的发展趋势进一步阻碍了职业教育整体水平的提升。而德国、日本和中国台湾地区的高等职业教育在其工业化中期阶段已经形成较大规

❶ 经济学人信息部(EIU)CountryData 数据库.中国职业教育规模与二产就业比重[EB/OL].(2011-01-01)[2015-09-21]. http://www.eiu.com.

模,并且在工业化中后期逐步替代中等职业教育成为主流。

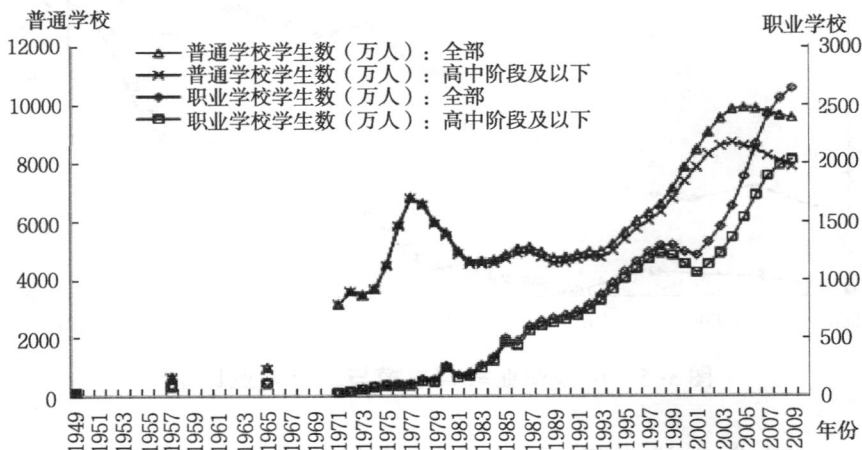

图3-6　中国职业教育与普通教育规模[1]

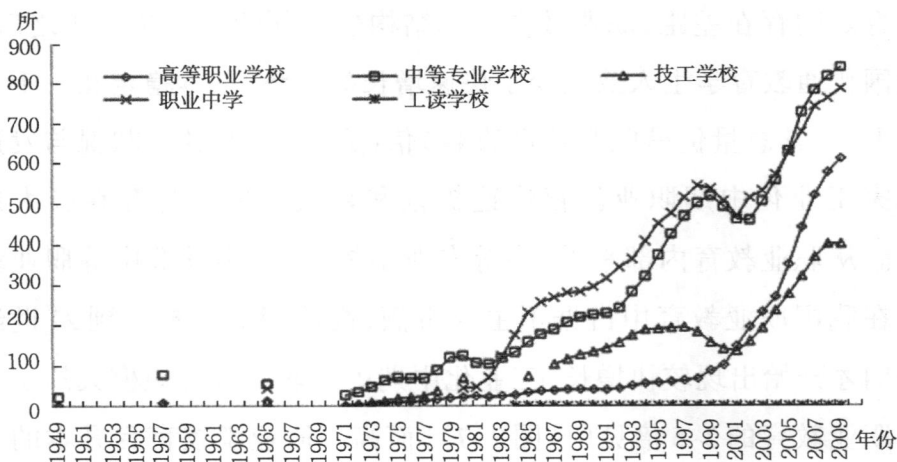

图3-7　中国各类职业教育规模[2]

[1] 中华人民共和国教育部发展规划司.中国教育统计年鉴[M].北京:人民教育出版社,1949-2009.

[2] 中华人民共和国教育部发展规划司.中国教育统计年鉴[M].北京:人民教育出版社,1949-2009.

　　职业教育质量与普通教育存在较大差距,并且不同类型职业教育的质量参差不齐。20世纪70年代以来,我国职业教育的师生比(学生数/教师数)一直不断攀升,并且在21世纪初超过普通教育,而普通教育师生比只在1994—2004年间有所上升,在其他各阶段基本都呈现逐年下降趋势(见图3-8)。这些现象表明我国工业化中期的职业教育不仅质量提升缓慢,而且在短时间内很难与普通教育相匹敌。从职业教育内部来看,占据职业教育主要份额的中等专业学校和职业中学师生比最高,教育质量很难得到保障,高等职业教育的师生比尽管相对较低,但不断攀升的趋势也表明其教育质量不容乐观(见图3-9)。

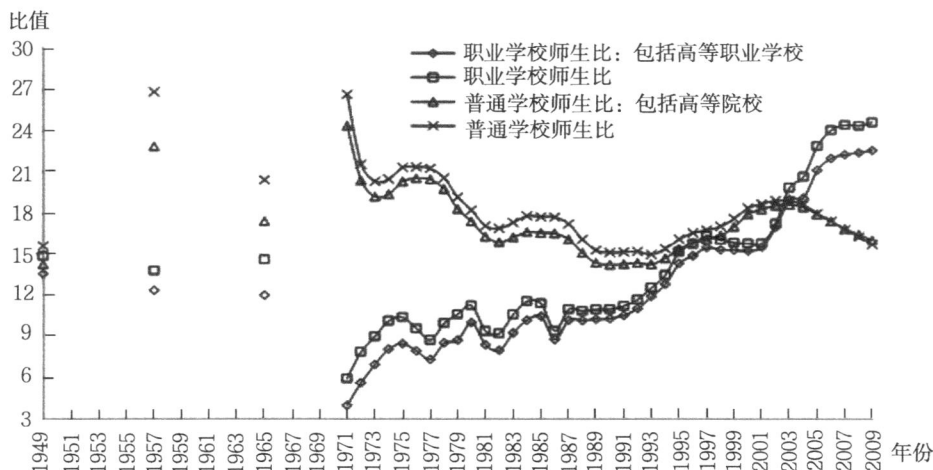

图3-8　中国职业教育与普通教育师生比[1]

---

[1] 中华人民共和国教育部发展规划司.中国教育统计年鉴[M].北京:人民教育出版社,1949-2009.

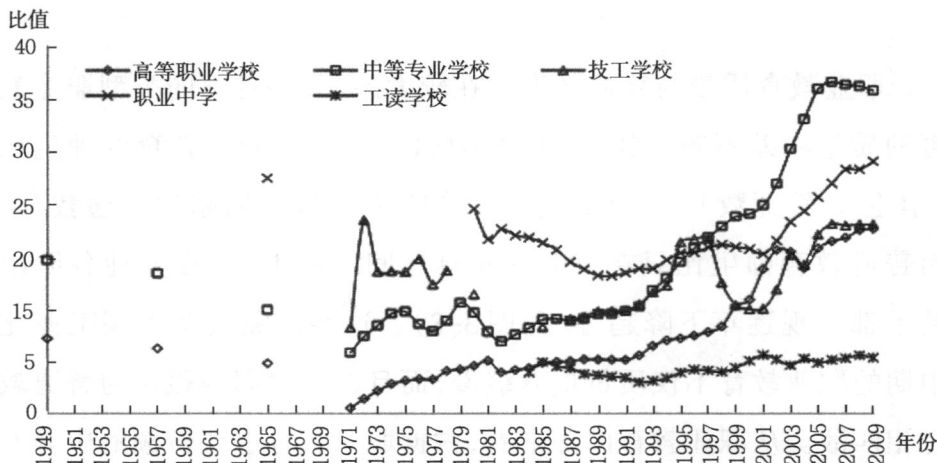

图3-9　中国各类职业教育师生比[1]

3.2.3　职业教育制度变动

总量和结构性状况表明,职业教育并不能很好地满足中国不同的工业化阶段对于职业技术人才的需要,这导致中国的职业教育政策不断改革创新,以适应产业和共性技术发展战略的要求,满足工业化相关人才需求,主要表现在我国职业教育政策的阶段性变化中。

(1)恢复阶段(1978—1984年)。"文革"后期,我国整体产业发展和职业教育体系破坏严重,中等职业学校主要由中专和技校构成,1976年各类中等职业学校共计3710所,在校生91万多人,占高中阶段学生总数的比重由1965年的52.6%降至6.1%,高中阶段普职比为15.4∶1[2],总量萎缩和结构失衡极其严重,因此改革开放开始之

---

[1] 中华人民共和国教育部发展规划司.中国教育统计年鉴[M].北京:人民教育出版社,1949-2009.

[2] 国家教育委员会职业技术教育司.中国职业教育简史[M].北京:北京师范大学出版社,1994.

后,我国职业教育政策的重点是恢复重建。

1978 年,邓小平在全国教育工作会议上指出,应该考虑扩大农业中学、各种中专、技校的比例。由此,调整中等教育结构、发展职业教育被提到政策制订的日程上来。1980 年教育部、国家劳动总局出台了《关于中等教育结构改革的报告》,提出了一系列促进中职教育的倾斜政策,为促使中专、技校数量增长,政策构建了新的中等职业教育机构——由普通中学改办而成的职业高中,将一部分普通高中改办为职业技术学校、职业中学、农业中学;同时指出集体和个人也可以办各种职业技术学校,并在以后的政策中得以延续。1983 年教育部、劳动人事部、财政部、国家计委又联合下发了《关于改革城市中等教育结构、发展职业技术教育的意见》,进一步明确了中等教育结构的改革途径,并提出对教育部门主办的职业教育每年追加一次补助,形成行业企业、劳动等部委、教育部门共同举办中等职业学校的格局。到 1985 年,高中阶段的中等专业学校、技工学校和农业职业高中的在校生分别比 1980 年增长了 26.4%、9.1%和 4.8 倍,总人数达到 415.6 万人。高中阶段接受职业教育的学生人数占高中阶段学生总数的 35.9%,比 1980 年提高了 17.2 个百分点。这一阶段职业教育的恢复发展奠定了新时期职业教育的基础,为工业化发展提供了迫切所需的职业技术人才。但是由于恢复性政策的制定和实施较为仓促,也存在较多不足,比如在薄弱高中基础上改建的职业高中办学低标准,质量难以保障;发展职业教育的任务主要赋予正规学校,企业和行业参与机制缺失,办学主体多样但缺乏协调性;统一职业资格制度与学历职业教育之间的协调性缺乏,这些都成为职业教育持续发展的瓶颈。

（2）发展阶段（1985—1996年）。在这一阶段，我国工业化逐渐进入中期，职业技术人才的需求量也在不断扩大。职业教育体系改革也更为深入，呈现出政府推动、外部驱动、规模发展迅速等特点。1985年《中共中央关于教育体制改革的决定》发布，对职业教育的定位、发展路径及相关政策进一步系统化，提出了"调整中等教育结构，大力发展职业技术教育"的方针，明确要求各单位招工应优先录用职教毕业生的倾斜政策，并且确定了学校教育从中学阶段开始分流的方针，肯定了社会力量办学的思路，为各种形式的职业教育办学提供了政策基础。1991年国务院出台了《关于大力发展职业技术教育的决定》，明确提出职业教育要继续扩大招生规模，使全国中职的在校生人数超过普通高中的在校生人数。在扩大招生的同时，走内涵发展的路子，包括有计划地建设骨干学校、示范学校，提高职业学校师资水平等。1995年国家教委、财政部发布了《关于职教师资班学生享受师范生待遇的通知》，规定职教师资班的学生可享受师范生待遇，免收学费，并实行专业奖学金制度，保障职教师资队伍有稳定的来源，逐步提高职业技术学校教师的待遇。同年，国家教委在《关于推荐应届职业高中毕业生参加高考的有关问题的通知》中明确提出推荐报考的职业高中毕业生与普通高中会考合格的考生具有同样的资格和权利，录取时应同样对待，打通了职业教育与普通高等教育之间的鸿沟。1993年，我国出台了《中国教育改革和发展纲要》，继续强调职业教育的重要性，首次提出职业学校要走依靠行业、企业、事业单位办学和社会各方面联合办学、产教结合的路子。1996年，《中华人民共和国职业教育法》实施，确定了职业教育的法律地位，规定了政府、社会、企业、学校及个人在职业教育中的义务和权利,明确了职业教育的根本任务、办学体制和管理体制,提出了发展职业教育的方法途径,规定了职业学校的设置标准和进入条件等,职业教育得到了国家法律的保护,标志着职业教育开始走上依法建设的轨道。1999 年《中共中央国务院关于深化教育改革全面推进素质教育的决定》进一步明确了教育改革方向,即"构建与社会主义市场经济体制和教育内在规律相适应、不同类型教育相互沟通、相互衔接的教育体制",职业教育办学主体由原来的政府为主、社会力量为辅转变为主要依靠社会力量办学来支持的政策,国家逐步在职业教育的招生和就业、教学设施、专业设置和课程等方面减少计划控制和支持,引入市场力量积极参与。

1985—1996 年,我国职业教育经历了上升发展期。职普招生比例首次超过了 1,1996 年,中等职业学校招生数和在校生数占高中阶段招生数和在校生数的比例分别为 57.68% 和 56.77%,达到了前所未有的水平。从 1987 年到 1992 年,职业教育经费从 0.60 亿元上升到 14.21 亿元,年均增长水平为 18.7%,职业教育基本建设投资从 1.27 亿元上升到 7.36 亿元。但是职业教育中潜在的危机被这一时期的外延发展繁荣掩盖了,这也导致了在接下来的阶段中职业教育发展的滑坡。

(3)滑坡阶段(1997—2001 年)。中国工业化进入中期,需要吸纳较多的职业技术人才,职业教育经过恢复发展之后也开始供给技术型和技能型劳动力。但是由于这一阶段生源减少、自身改革滞后、政策不确定等原因,中国职业教育的社会认可度下降,发展进入调整期。进入"九五"后,我国经济结构调整、国有企业改革进入快速期,职业教育原有的计划培养模式逐渐丧失发展基础,中职毕业生的就业岗位也大幅减少,同期高校扩招带来了"普通高中热",普高在校生数1997年较1996年猛增了14%,职业学校生源数锐减,从1997年起,中等职业教育占高中阶段招生的比例不断下降,招生数出现负增长。从政策来看,随着市场经济改革的深化,包括国家计划招生、学生上学转户口、包分配工作、低学费、助学金等中专和技校享受的计划优惠政策都逐步取消。同时,随着改革开放的深化,我国教育政策与世界接轨的趋势也日趋明显,1998年世界银行在《中国二十一世纪教育发展战略目标》中建议中国修改中等职业教育招生数占高中阶段60%的政策目标,降低中等职业教育的比例,把中学阶段的纯职业学校数量按照地方条件进行缩减,逐渐以两年制中学后职业教育机构来取代。受此影响,中国对是否继续大力发展职业教育出现了阶段性政策矛盾,大学和高等职业教育受到更多重视,中等职业教育的发展则没有突出强调,从而导致职业学校撤并、中等职业学校升格高等,高等职业学校转升本科的趋势显现。

1997—2001年,中等职业学校招生数从520.77万人减至397.63万人,中职与普高的招生比从62.15∶37.85降至41.58∶58.42。为给"普高热"降温,1999年,教育部下发文件《关于积极推进高中阶段教育事业发展的若干意见》,要求处理好普通高中的发展与中等职业教育发展的关系,促进普通高中教育与中等职业教育的协调发展,但作用十分有限。

(4)重振阶段(2002年至今)。进入21世纪后,中国工业化进入中后期,职业技术人才供需结构性矛盾开始凸显,学术型人才与应用型人才就业问题显现,重新认识职业教育,反思中高等教育模式成为该阶段的重要内容。从2002年到2005年,国务院连续召开了三次全国职业教育工作会议,先后作出了《关于大力推进职业教育改革与发展的决定》(2002)、《关于进一步加强职业教育工作的若干意见》(2004)、《关于大力发展职业教育的决定》(2005)三个重要文件,确立了大力发展职业教育的战略重点不动摇,走中国特色职业教育发展道路的指导思想。2005 年的《关于大力发展职业教育的决定》提出了中等职业教育的发展目标:到 2010 年,中等职业教育招生规模达到 800 万人,与普通高中招生规模大体相当;高等职业教育招生规模占高等教育招生规模的一半以上;在内涵发展上,引入学习型社会的理念,提出了职业教育要适应人们终身学习需要、与劳动就业密切结合、大力推行校企合作、工学结合的培养模式。2005 年全国职业教育工作会议上,国务院首次决定在中等职业教育中建立贫困学生助学制度,2006 年财政部、教育部关于《完善中等职业教育贫困家庭学生资助体系的若干意见》随后予以落实,要建立贫困家庭学生助学金制度、学费减免制度、助学贷款或延期支付学费制度。2014 年,国务院出台了《关于加快发展现代职业教育的决定》,则更明确了"现代职业教育"的定义,并且形成了"政府推动、市场引导,加强统筹、分类指导,服务需求、就业导向,产教融合、特色办学,系统培养、多样成才"的全方位改革措施,其目标是到 2020 年,形成适应发展需求、产教深度融合、中职高职衔接、职业教育与普通教育相互沟通,体现终身教育理念,具有中国特色、世界水平的现代职业教育体系。

系列政策构建了该阶段职业教育的主要发展思路——增加职业教育入学机会,提高职业教育办学质量,建立职业教育贫困家庭学生资助体系。经过 1997—2001 年的滑坡和此后的政策重构,职业教育走上了理念明确、支持系统逐渐成形的发展道路。中职、高职的在校生数分别占高中教育阶段和高等教育阶段在校生数的一半。公共财政对职业教育的投入得到保障，通过实施职业教育实训基地建设计划、县级职教中心建设计划、职业院校教师素质提高计划、职业教育示范性院校建设计划，职教质量所需的硬件设施和基础办学能力得到加强。从职业教育与工业化和社会经济发展的关联性来看，这一时期的职业教育更加重视就业导向、产业服务，通过实施国家技能型人才培养培训工程、国家农村劳动力转移培训工程、农村实用人才培训工程、成人继续教育和再就业培训工程，构建了工学结合、校企合作、半工半读的人才培养模式，为社会提供有质量的、实用性的职业技术人才。

表3-4总结了20世纪90年代以来我国的职业就业主要的政策建议，从中可以发现职业就业相关政策经历了从无到有，从粗略到细致的发展过程，尤其是进入21世纪以后，为解决职业结构调整过程本身存在问题、职业与产业就业结构之间的矛盾、劳动力市场与教育市场衔接中存在的不协调性、职业教育质量要求和服务群体的针对性问题，政策密集性和关联性明显提高。

表3-4　中国职业教育主要政策文件

时间	部门	法律、法规及条例	涉及的主要内容
1993年	中共中央	《中共中央关于建立社会主义市场经济体制若干问题的决定》	要制订各种职业的资格标准和录用标准，实行学历文凭和职业资格两种证书制度。逐步实行公开招聘，平等竞争，促进人才合理流动

时间	部门	法律、法规及条例	涉及的主要内容
1994年	劳动部、人事部	《职业资格证书制度》	职业资格是对从事某一种职业所必备的学识、技术和能力的基本要求,它是个人做好该职业工作的依据,是个人工作能力与将来可能取得工作业绩的一种价值标志
1994年	全国人大常委会	《劳动法》第八章第69条	国家确定职业分类,对规定的职业制定职业技能标准,实行职业资格证书制度,由经过政府批准的考核鉴定机构负责对劳动者实施职业技能考核鉴定
1996年	全国人大常委会	《职业教育法》	实施职业教育应当根据实际需要,同国家制定的职业分类和职业等级标准相适应,实行学历证书、培训证书和职业资格证书制度。学历证书、培训证书按照国家有关规定,作为职业学校、职业培训机构的毕业生、结业生从业的凭证
1996年	劳动和社会保障部	《关于贯彻实施职业教育法的通知》	推动职业教育与劳动就业紧密结合,建立职业需求预测制度,拓宽培训领域,配合再就业工程和农村劳动力跨地区流动有序化工程。结合劳动用人、工资分配制度的改革,建立起促进职业教育发展的激励机制。深化职业培训机构改革,鼓励和支持社会力量举办各类职业培训机构,提供指导服务,给予政策扶持。加强对各类职业培训机构的管理和监督检查,规范职业培训活动。指导企业建立和完善新型职工培训制度,推动企业结合生产实际需要,开展技术等级达标培训、岗位培训和高新技术培训等工作,加强高级技工和复合型技术人才的培训。完善职业资格证书制度,做好各类职业技能鉴定工作,注意搞好职业教育教学内容与鉴定要求的衔接

时间	部门	法律、法规及条例	涉及的主要内容
1998年	国家教委、经贸委、劳动部	《关于实施〈职业教育法〉加快发展职业教育的若干意见》	要逐步推行学历证书或培训证书和职业资格证书两种证书制度。接受职业标准，开展职业技能考核鉴定。对职业学校或职业培训机构的毕(结)业生，要按照国家制定的职业分类、职业等级职业技能学历证书、培训证书和职业资格证书作为从事相应职业的凭证
1998年	劳动和社会保障部	《关于对引进国外职业资格证书加强管理的通知》	劳动和社会保障部从1999年开始对引进的国外职业资格证书及其发证机构进行资格审核、注册，并实施相应的管理和监督。在中国境内开展职业资格证书考试发证活动的国外职业资格证书机构、有关法人团体及国际组织，必须与中国的职业资格证书机构、有关行业组织、社会团体或其他相应机构合作，不得单独开展职业资格证书考试和发证活动。经审批和注册的国外职业资格证书受中国法律的管辖和保护，可等同于我国相应等级的职业资格证书的效力，未经审核和注册的国外职业资格证书机构不得开展此类活动，其证书不能作为上岗和就业的依据
1999年	中共中央、国务院	《关于深化教育改革全面推进素质教育的决定》	要依法抓紧制定国家职业(技能)标准，明确对各类劳动者的岗位要求，积极推行劳动预备制度，坚持实行"先培训，后上岗"的就业制度。地方政府教育部门要与人事、劳动和社会保障部门共同协调，在全社会实行学业证书、职业资格证书并重的制度
1999年	劳动和社会保障部	《关于在职业培训工作中贯彻落实〈关于深化教育改革全面推进素质教育的决定〉的若干意见》	进一步加大推行职业资格证书制度的力度，逐步实现职业资格证书与学业证书并重，职业资格证书与国家就业制度相衔接，逐步建立起与国家职业资格相对应，从初级、中级、高级直至技师、高级技师的职业资格培训体系，并使之成为劳动者终身学习体系的重要组成部分

时间	部门	法律、法规及条例	涉及的主要内容
2000年	劳动和社会保障部	《招用技术工种从业人员规定》	确定90个工种(职业)必须持证就业,严格实行就业准入制度。国家实行先培训后上岗的就业制度,实行职业资格证书制度,由经过劳动保障行政部门批准的考核鉴定机构对劳动者实施职业技能考核鉴定。技工学校、职业(技术)学校、就业训练中心及各类职业培训机构的毕(结)业生,从事技术工种的学徒及转岗从事技术工种的劳动者进行相应的规定。对用人单位和职业介绍机构的技术工种人员招聘进行各种规定
2000年	劳动和社会保障部	《关于大力推进职业资格证书制度建立的若干意见》	在全社会实行学业证书、职业资格证书并重的制度,"十五"期间推进职业资格证书制度建设要求落实就业准入政策,推进职业技能鉴定社会化管理,行政管理与技术支持相结合,严格质量控制与扩大职业鉴定覆盖范围相结合,提升职业资格证书的社会认可程度,促进职业培训制度与就业制度和企业劳动工资制度相互衔接,发挥职业资格证书制度在市场就业和引导劳动者素质提高中的重要作用
2002年	国务院	《关于大力推进职业教育改革与发展的决定》	大力推进职业教育的改革与发展,坚持体制创新、制度创新和深化教育教学改革,为经济结构调整和技术进步服务,为促进就业和再就业服务。推进管理体制和办学体制改革,促进职业教育与经济建设、社会发展紧密结合,形成政府主导、依靠企业、充分发挥行业作用、社会力量积极参与的多元办学格局。行业主管部门要对行业职业教育进行协调和业务指导,鼓励和支持民办职业教育的发展,非营利性的民办职业学校,享受举办社会公益事业的有关优惠政策。深化教育教学改革,适应社会和企业需求。加快农村和西部地区职业教育发展。

时间	部门	法律、法规及条例	涉及的主要内容
2002年	国务院	《关于大力推进职业教育改革与发展的决定》	严格实施就业准入制度,加强职业教育与劳动就业的联系。完善学历证书、培训证书和职业资格证书制度。加强职业指导和就业服务,拓宽毕业生就业渠道。多渠道筹集资金,增加职业教育经费投入
2005年	国务院	《关于大力发展职业教育的决定》	对中高等职业教育规模、办学条件和师资队伍建设的规定,重点做好的工作为:深化职业教育教学改革,加强职业院校学生实践能力和职业技能的培养;加强县级职教中心、示范性职业院校和师资队伍建设,努力提高职业院校的办学水平和质量;积极推进体制改革与创新,办好公办职业院校,发展民办职业教育,推动职业院校与企业密切结合,增强职业教育发展活力;多渠道增加经费投入,建立职业教育学生资助制度
2007年	国务院办公厅	《国务院办公厅关于清理规范各类职业资格相关活动的通知》	遏制职业资格设置、考试、发证等活动中的混乱现象,切实维护公共利益和社会秩序,维护专业技术人员和技能人员的合法权益,加强人才队伍建设,确保职业资格证书制度顺利实施,对各类职业资格有关活动进行集中清理规范。清理规范职业资格的设置,清理规范职业资格考试、鉴定,清理规范职业资格证书的印制、发放,清理规范职业资格培训、收费,改革完善职业资格证书制度
2010年	国务院	《国务院中央军委关于加强退役士兵职业教育和技能培训工作的通知》	充分认识加强退役士兵职业教育和技能培训工作的重要意义,组织引导退役士兵免费参加职业教育和技能培训,合理安排退役士兵职业教育和技能培训经费,创新教学模式,坚持科学管理。加强教学管理,提高教育培训质量,加强就业指导,搞好就业服务,加强组织领导,落实工作责任

时间	部门	法律、法规及条例	涉及的主要内容
2014年	国务院	《国务院关于加快发展现代职业教育的决定》	政府推动、市场引导,加强统筹、分类指导,服务需求、就业导向,产教融合、特色办学,系统培养、多样成才,到2020年,形成适应发展需求、产教深度融合、中职高职衔接、职业教育与普通教育相互沟通,体现终身教育理念,具有中国特色、世界水平的现代职业教育体系。结构规模更加合理,院校布局和专业设置更加适应经济社会需求,职业院校办学水平普遍提高,发展环境更加优化。加快构建现代职业教育体系,激发职业教育办学活力,提高人才培养质量,提升发展保障水平,加强组织领导

3.2.4　职业培训制度变动

目前我国职业教育和在职培训相关的政策与管理体系主要有以下内容:职业分类与职业(技能)标准、职业培训、职业技能鉴定和职业资格证书、技能竞赛和技能人才表彰,以及职业介绍政策。

职业分类与职业技能标准方面的目前主要工作是建立标准体系,1992年中国完成了第一部《中华人民共和国工种分类目录》,到2000年,已正式颁布3200多个工人技术等级标准(职业技能标准)。职业培训工作包括就业前培训、转业培训、学徒培训和在职培训,依据职业技能标准,培训的层次又分为初级、中级、高级职业培训和其他适应性培训。主要由技工学校和各类职业培训机构承担培训,技工学校以培养技术工人为主,就业训练中心培训失业人员,以实用技术和适应性培训为主,此外,企业培训中心、社会和个人举办的培训机构也承担在职培训和其他培训;综合性职业培训基地是在改革现有的技工学校、就业训练中心及企业的培训实体基础上，建立起的一种兼有职业需求预测、职业培训、技能鉴定和职业指导等多种功能并与职业介绍紧密结合的综合性职业培训基地，为学员提供培训、鉴定、就业一体化服务；职业技能开发集团是在城市，依托社区，联合各类培训机构，并实行劳动部门内部培训、鉴定与就业机构的联合运作，扩大培训规模效益，为促进就业服务的一种新型培训联合体；劳动预备制度则提高了新生劳动力的就业能力。

职业技能鉴定和职业资格证书制度方面，目前中国已初步建立起初、中、高级技术等级考核和技师、高级技师考评制度，对劳动者实行职业技能鉴定，推行职业资格证书。在职业学校和职业培训机构毕(结)业生中实行职业技能鉴定，在各类企业的技术工种实行必须经培训考核合格后，凭证上岗的制度，在个体工商户、私营企业从业人员中推行持证上岗制度。技能竞赛和技能人才表彰以评选表彰"中华技能大奖"获得者和"全国技术能手"为标志。

职业介绍政策正式进入职业培训体系是以 1998 年劳动和社会保障部下发的《职业介绍服务规程》为标志，2001—2007 年陆续出台了一系列加强职业介绍机构管理的通知和规定，主要用于规范职业介绍行为，维护劳动力市场正常秩序，保障用人单位和求职者的合法权益，2007 年正式下发了《关于开展民办职业介绍机构信用等级评定工作的通知》，将政府和民营的职业介绍组织纳入统一、规范的管理体系。通过一系列职业相关的就业管理建设，我国劳动者职业技能有所提高，表现为全国和各地区高级技工、技师和高级技师再培训人员的增加，通过上述职业资格鉴定人员比重的上升，以及职业培训基地和职业技能鉴定部门的完善。

　　通过多年发展,我国职业培训已经形成了相对完整的制度体系,但仍然存在一些问题需要解决:首先,我国目前职业培训体系中居于主导地位的仍然是政府培训,而企业对员工进行的人力资本投资几乎与前者没有联系,容易造成政府培训与企业所需技能脱节和重复培训共存的局面。急需技能人员的中小企业和刚成长起来的民营企业由于资金不足造成员工职业技能投资严重缺乏,同时政府提供的技能培训又无法满足实际需求,从而造成了这些企业发展的人力资本瓶颈;而企业内部的培训投资也呈现了两极分化的局面,技能等级和职位等级高的员工能获得大量的人力资本投资,甚至"过度培训",而低技能的一般员工在获得企业内职业培训上往往处于劣势,同时又很难再获得政府提供的培训,使得两类员工的差距进一步扩大。因此,在未来的发展中需要将政府和企业两种职业培训方式有机结合,职业培训与企业和产业实际需要相结合,建立对口的培训方式和培训制度。其次,创业培训政策对于青年劳动者的就业能力建设开辟了新的思路,给我国大学生就业难问题提供了有益参考,但是,目前创业培训对于提高青年劳动力适应能力、就业能力和创业能力的作用有限,尤其是在自主就业能力培养方面仍然缺乏有效的模式和课程体系。因此,未来职业培训需要通过开设有关的创业理论和实践课程,培养创业意识和精神,密切职业培训与产业发展的关系。再次,对于弱势群体的职业培训效率较低,我国职业培训涉及的主要弱势群体包括失地农民、失业员工和残疾人等低技能劳动力,这部分劳动力的职业技能需求和政府实际提供的培训往往存在错位,导致了培训资金和人力资源浪费,因此弱势群体职业培训制度也需要探索更加市场化的发展模式。最后,我国目前虽然已经初步建立起初、中、高级技术等级考核和技师、高级技师考评制度,对劳动者实行职业技能鉴定,推行职业资格证书,在职业学校和职业培训机构毕(结)业生中也实行了职业技能鉴定,各类凭证上岗的制度也在建设之中,但是规范化操作和实效性评估工作仍然比较落后,证书泛滥但技能不切实际,不法操作中出现的虚假认定状况也扰乱了良好的技能形成体系。因此职业资格鉴定的法制化建设仍然需成为政府工作的重要内容,同时,企业内技能形成机制与技能鉴定工作也需要同步推进,从而促进技能人员的灵活流动和产业内特殊技能的学习传承,改善技能型人才的供需矛盾。

3.3 中国职业人才的供给

3.3.1 职业教育对技能型人才的培养

工业化进程的不断推进要求职业技术教育和培训为其提供所需的技能型人才,构建完整、合理的职业教育体系和职业培训体系;职业教育的改革发展也是中国人才强国战略不可或缺的组成部分,它对中国产业政策和产业共性技术战略的实施具有重要的意义:第一,职业教育是社会人才培养体系的重要环节,它有利于提高劳动者技能和劳动生产率,从而增加人力资本积累,为工业化进程提供人力资本要素;第二,职业教育为经济发展方式转变提供人才支撑,从而为产业结构升级和技术更新换代提供创新型人才基础,使人才结构更适应经济社会发展的需要;第三,职业教育提高人均受教育年限,促进高中阶段教育的普及和高等教育入学率的进一步提高,从而为普通技能和知识的普及提供扩散机制,为低技能劳动力提供就业机会;第四,职业教育提供多样化的入学机会,有利于实现教育机会的公平。

中等职业教育对普及高中阶段教育具有重要贡献。高中阶段教育包含普通高中和中等职业教育。我国高中阶段教育毛入学率从 2004 年的 48.1% 提高到了 2014 年的 86.5%(见表 3-5)。从 2004 年到 2014 年,中等职业学校招生人数占普通高中阶段招生总数的比重从 40.8% 提高到了 43.8%,在 2009 年和 2010 年左右,中等职业学校和普通高中在招生规模上已大体相当,表明中等职业教育在进一步普及高中教育中将扮演越来越重要的角色。

表 3-5　我国高中阶段学校招生人数[1][2]

年份	中等职业教育招生数（万人）	普通高中招生数(万人)	高中阶段招生总数（万人）	中职占高中阶段教育招生比重(%)	高中阶段教育毛入学率（%）
2004	566.20	821.50	1387.71	40.8	48.1
2005	655.66	877.73	1533.39	42.8	52.7
2006	747.82	871.20	1619.03	46.2	59.8
2007	810.02	840.16	1650.19	49.1	66.0
2008	812.11	837.01	1649.12	49.3	74.0
2009	868.52	830.34	1698.86	51.1	79.2
2010	870.42	836.24	1706.66	51.0	82.5
2011	813.87	850.78	1664.65	48.9	84.0
2012	754.13	844.60	1598.74	47.2	85.0

[1] 中华人民共和国国家统计局.我国高中阶段学校招生人数[EB/OL].(2016-01-01)[2016-04-22].http://data.stats.gov.cn.

[2] 中华人民共和国.我国高中阶段学校招生人数[EB/OL].(2016-01-01)[2016-04-22].http://www.moe.gov.cn/.

续表

年份	中等职业教育招生数（万人）	普通高中招生数（万人）	高中阶段招生总数（万人）	中职占高中阶段教育招生比重(%)	高中阶段教育毛入学率(%)
2013	674.76	822.70	1497.45	45.1	85.0
2014	619.76	796.60	1416.36	43.8	86.5

高等职业教育对提升高等教育入学率也具有重要贡献。高等职业教育在整个高等教育中的位置也越来越重要,高职招生人数占高等学校招生总数的比重在2004—2013年基本保持在45%以上。2004年中国高等教育毛入学率为19.0%,到2014年已经提高到了37.5%,但仍低于发达国家40%的平均水平(见表3-6)。高等职业教育发展对我国高等教育毛入学率的提高具有重要作用。由于中职招生人数占高中阶段招生人数的比重及高职招生人数占高等教育招生人数的比重都在逐步提高,表明职业教育在提高我国劳动力人均受教育年限中扮演了重要角色。

表3-6　我国高等教育招生人数[1]

年份	高等学校招生总数(万人)	高等职业学校招生数(万人)	招生的比例(%)	毛入学率(%)
2004	447.34	237.42	53.07	19.0
2005	504.46	268.09	53.14	21.0
2006	546.05	292.97	53.65	22.0
2007	565.92	283.82	50.15	23.0
2008	607.66	310.60	51.11	23.3

[1] 中华人民共和国.我国高等教育招生人数[EB/OL].(2016-01-01)[2016-04-22]. http://www.moe.gov.cn/.

年份	高等学校招生总数(万人)	高等职业学校招生数(万人)	招生的比例(%)	毛入学率(%)
2009	639.49	313.38	49.00	24.2
2010	661.76	310.50	46.92	26.5
2011	681.50	324.86	47.67	26.9
2012	688.83	314.78	45.70	30.0
2013	699.83	318.40	45.50	34.5
2014	721.40	335.00	46.43	37.5

3.3.2　职业和学术型人才供给比较

随着工业化进程的快速推进,职业教育对于人才培养的作用日益显现,但是,目前我国职业人才供给中仍然存在非均衡发展的问题,成为制约产业结构升级的瓶颈。

职业教育政策的阶段性徘徊导致毕业生供求结构性失衡,制约了工业化进程的有效推进。"民工荒""技工荒"与大学生就业难问题的并存表明空缺职位与人力资本供给存在严重的不匹配,岗位大多是需要专门知识或技能的,而闲置的劳动力又基本上没有专门知识或技能,或者所拥有的专业人力资本不能与产业发展所需的知识技能相吻合,人力资本供求双方无法在市场上找到契合点。这意味着人力资本投资的主要渠道——教育、培训、劳动力迁移和工作变更出现了无法适应需求的状况。

与职业教育之相反,追求高学历教育在我国形成热潮。高等学校从1999年开始连续三年大规模扩大招生。1998年全国普通高校招生数为108.36万人,此后三年普通高校招生数分别比上一年度递增47.36%、38.16%、21.61%。2001年招生数已达268.28万人,将近1998年的2.5

倍。此后,我国高考的录取率几乎呈现每年递增的趋势。2015年,高考的录取率达到了75%,当年录取的学生人数超过700万人(见图3-10)。

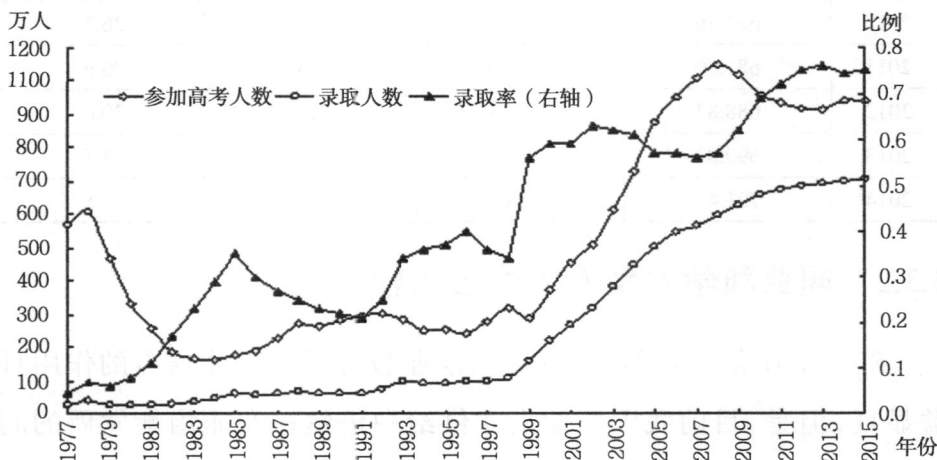

图3-10　中国参加高考和录取人数[1]

扩招自然会导致几年后毕业生的大量增加。由于1999年的扩招,4年之后的2003年全国普通高校毕业生达到了212.2万人,比2002年增加了46.3%,是1998年的2.6倍。之后,高校毕业生的人数每年都以相当快的速度递增,并于2009年突破了600万人。之后尽管增速有所放缓,但一直保持在600万人以上,2015年已达750万人(见图3-11)。我国高等教育的这种连续大幅扩招,在世界高等教育发展中是很少见的。

---

[1] 中华人民共和国教育部.中国参加高考和录取人数[EB/OL].(2016-01-01)[2016-04-22]. http://www.moe.gov.cn/.

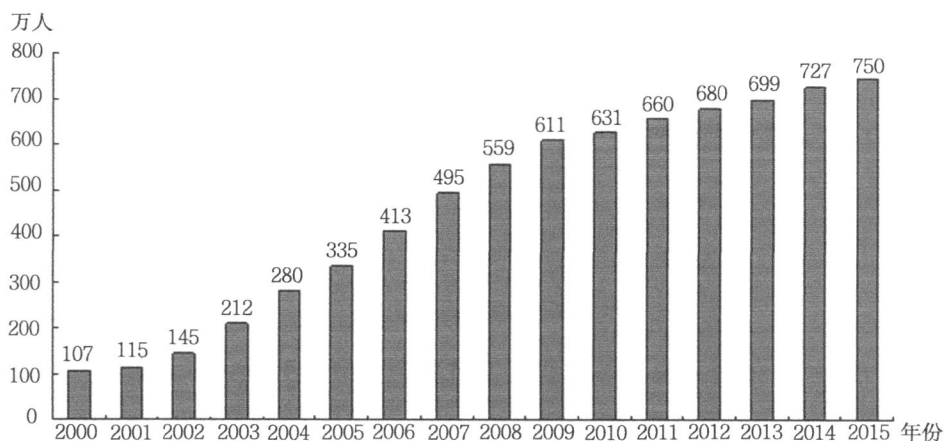

图 3-11　中国普通高校毕业生人数❶

在高校扩招带来大学毕业生供给总量增加的同时,中国劳动力市场中却存在着技能型劳动力短缺的现象。"有文凭不一定有技能"的现象表明我国教育政策中存在着严重的结构性问题,特别是职业教育的发展规模与学术性教育之间的协调性存在错位,导致学校所培养的劳动者无法适应企业对高技能人才快速上涨的需求。在劳动力市场上这表现为高技能人才的供需缺口越来越大,与此同时,大量低技能劳动力和大学毕业生相对过剩,并面临着巨大的就业压力。市场上甚至出现了大学本科毕业生工资低于技术工人的现象。

分析全国历年劳动力市场供求状况可以发现,企业对中高级职业技术人才的求人倍率在逐年提高。非技术类劳动力需求小于供给的现象比较显著,而且这种状况在近几年内基本没有明显的好转趋势。从不同技术等级劳动力的求人倍率来看,具有技术等级的劳

❶ 中华人民共和国教育部.中国普通高效毕业生人数[EB/OL].(2016-01-01)[2016-04-22]. http://www.moe.gov.cn/.

动力均呈现供不应求的状况,并且技术等级越高越显著。具有职业资格一级证书的劳动力,其求人倍率在2008年达到了1.93,具有高级专业技术职务的劳动力在2008年更是高达2.29(见表3-7)。技能型劳动力无法满足市场需求,随着产业结构的进一步升级,技能型劳动力存在供给瓶颈的状况在短期内很难得到有效缓解。

表3-7　按职业资格等级和专业技术职务分的劳动力求人倍率❶

年份	职业资格五级	职业资格四级	职业资格三级	职业资格二级	职业资格一级	初级专业技术职务	中级专业技术职务	高级专业技术职务
2001	0.99	1.02	1.10	0.91	1.10	0.97	1.21	1.13
2002	1.13	1.11	1.16	1.30	1.27	1.15	1.46	1.05
2003	1.40	1.33	1.42	1.64	2.02	1.33	1.41	1.75
2004	1.46	1.48	1.70	1.87	2.11	1.32	1.44	1.78
2005	1.52	1.57	2.10	1.85	2.08	1.31	1.51	2.06
2006	1.37	1.55	1.76	1.96	2.03	1.41	1.65	2.21
2007	1.42	1.50	1.68	2.31	2.62	1.47	1.66	2.20
2008	1.38	1.39	1.67	2.01	1.93	1.50	1.56	2.29
2009	0.90	0.90	1.10	1.40	1.40	1.00	1.00	1.50
2010	1.00	1.00	1.10	1.40	1.40	1.00	1.10	1.40
2011	1.00	1.10	1.20	1.40	1.40	1.00	1.10	1.90
2012	1.00	1.10	1.30	1.90	2.00	1.00	1.20	2.00
2013	1.00	1.10	1.40	1.70	1.70	1.00	1.20	1.60

而学历教育中只有硕士以上的超过1.00,大专和大学毕业劳动者的求人倍率最低,均值分别为0.88和0.87(见表3-8),表明近几年

---

❶ 中国劳动力市场信息网监测中心. 按职业资格等级和专业技术职务分的劳动力求人倍率[EB/OL].(2016-01-01)[2016-04-22].http://www.lm.gov.cn.

来非技术劳动力需求小于供给的现象比较显著,由于契合巨大的市场需求,职业教育毕业生也具有较强的就业能力,而大学毕业生则普遍遇到了"就业难"。综合表3-7和表3-8绘制图3-12,从中对比不难发现,我国劳动力结构中具有职业技能的人才严重偏少,盲目追求高学历教育又导致普通本专科人才偏多,综合表现为实用型、操作型技能劳动力短缺,成为未来工业化水平提升和产业结构转型的重要瓶颈。

表3-8　按学历分的劳动力求人倍率[1]

年份	初中以下	高中	职高、技校、中专	大专	大学	硕士以上
2001	0.72	0.66		0.74	0.83	1.84
2002	0.86	0.81		0.67	0.77	1.26
2003	0.97	0.87		0.79	0.81	1.27
2004	0.97	0.92		0.89	0.83	1.59
2005	1.02	0.94		0.88	0.94	0.97
2006	1.00	0.96	0.89	0.90	0.98	1.26
2007	1.05	0.99	0.97	0.87	0.91	1.37
2008	0.98	0.96	1.07	0.88	0.87	1.02
2009	0.9	0.80	0.80	0.70	0.60	0.80
2010	1.00	0.90	1.00	0.70	0.70	0.90
2011	1.00	1.00	1.00	0.80	0.70	0.80
2012	1.00	1.00	1.00	0.90	0.80	1.30
2013	0.90	1.00	1.00	0.80	0.80	1.60

[1] 中国劳动力市场信息网监测中心.按学历分的劳动力求人倍率[EB/OL].(2016-01-01)[2016-04-22].http://www.lm.gov.cn.

求人倍率平均值

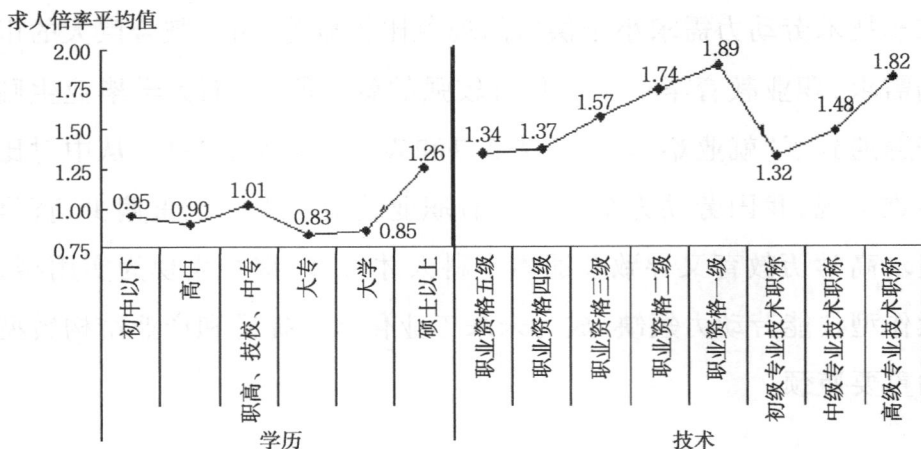

图3-12　按学历和技能分组的各类劳动力求人倍率年均值❶

社会发展不仅有认识世界的需要,也有改造世界的需要,社会经济发展要依靠学术型、工程型、技术型和技能型人才❷等人才类型相互配合。与学术性教育制度相比,目前职业就业政策的整体性和系统性较低,重点集中在职业培训和职业技术资格认定制度建设工作上,对于职业就业政策之间的协调问题和教育与市场的衔接问题仍然还比较薄弱,相关职业就业政策的具体措施和实施可行性仍然没有明确。这一方面与我国职业就业政策产生和实施时间较短,各项制度内部存在的矛盾短期内无法磨合有关;另一方面原因在于管理体制上的缺陷使得政策间关系和利益主体间关系没有

❶ 中国劳动力市场信息网监测中心.按学历和技能分组的各类劳动力求人倍率年均值[EB/OL].(2016-01-01)[2016-04-22].http://www.lm.gov.cn.

❷ 陈小虎,刘化君,曲华昌.应用型人才培养模式及其定位研究[J].中国大学教学,2004(5):58-60.

得到很好的处理,贯穿劳动者职业生涯的"就学—深造—培训—就业—流动—失业—再就业"等环节的外部环境还未能形成一致的链条,从就学到深造培训、就业,从失业到再就业的过程中,职业就业政策的作用并没有得到充分发挥,从而使得个人职业竞争力的相关的人力资本积累缺乏相应的制度环境保障,降低了劳动力市场的灵活性。

第4章 中国职业教育与人才强国战略的差距:基于工业化进程的评估

人才强国战略是经济强国战略的系统性工程,其有效实施不仅有赖于科学的顶层设计,还取决于经济发展阶段的不同诉求。中国刚刚进入中等收入国家行列,跃升为制造业大国,工业化处于关键阶段,但是我国的职业教育与人才强国战略仍然存在重大的差距,表现为发展规模和速度、教育层次和教育机构、教师质量、地区差距和经费投入等方面。对此本章预测了这些差距在未来的发展趋势,并据此提出缩小差距的基本途径。

4.1 职业教育在人才强国战略中的地位

职业教育是人才强国战略的重要组成部分,它对中国人才强国战略的重要地位首先体现在职业教育是社会人才培养体系的重要环节,它有利于提高劳动者技能和劳动生产率,从而增加人力资本积累;职业教育为经济发展方式转变提供人才支撑,使人才结构更适应经济社会发展的需要;职业教育有助于提高人均受教育年限,促进高中阶段教育的普及和高等教育入学率的进一步提升;职业教育能够提供多样化的入学机会,有利于实现教育机会的公平。具体而言,职业教育对人才强国的作用主要体现在以下四个方面。

4.1.1　构筑多层次人才体系

职业教育是社会人才培养体系的重要环节,社会经济发展需要多层次人才体系的支撑。技术型人才是实际操作活动的组织者、管理者,他们负责将设计方案与图纸转化为产品,主要依靠熟练的操作技能来具体完成产品的制作。无论是何种形式的人力资本,其积累的途径包括教育、在职培训、卫生保健、劳动力迁移和工作变更等,教育是人力资本积累最重要的方式,不同类型人才的培养对学校教育类型的要求有所不同。职业教育有利于提高劳动者技能和劳动生产率,增加技能型人力资本的存量,因此在整个教育体系当中占有重要的地位,它与普通教育互为补充,共同承担培养社会各层次人才的职能。职业教育为社会各行业培养直接从事生产操作或经营管理的专门技术人才,显著提升劳动者知识程度、技术水平、工作能力和综合素质;提高劳动者掌握新工种、新技术的速度;将以体力劳动和运用经验技能为主的简单劳动力,变为脑力劳动和科技知识相结合的复杂劳动力。

4.1.2　影响经济发展方式转变

职业教育为我国经济发展方式转变提供人才支撑,使人才层次结构更好地与经济发展的需要相匹配。不同经济发展阶段的人才需求不尽相同,教育体系应该与之相适应。中国经济正处在工业化加速推进的关键阶段,正在从"制造业大国"向"制造业强国"转变,产业结构不断升级优化需要职业教育的进一步发展。由传统制造业向现代制造业的转型需要快速的技术创新和生产流程改造,这些新技术都需要高素质的职业工人迅速吸收和掌握,传统的以"传帮带"方式传授生产经验的非专门教育形式已无法满足培训大量技术人才的需求,现有产业工人的技能水平也难以掌握和适应快速的技术革新,因此,工业化推进和产业升级需要职业教育的进一步发展。2010 年,中国政府提出将大力发展节能环保、新能源、新能源汽车、新材料、高端装备制造业、生物产业、新一代信息技术产业七大战略性新兴产业。胡锦涛同志 2009 年在珠海调研时指出,"技能型人才在推进自主创新方面有不可替代的重要作用""没有一流的技工,就没有一流的产品"。战略性新兴产业作为技术密集型、知识密集型、人才密集型高科技产业,更需要大规模的技术型人力资本。

中国目前已经成为全球第二大经济体和第二大贸易体,但中国经济的高增长主要由物质资本投资拉动,人力资本结构与经济发展不适应。2009 年,我国具有中等和高等职业学历人员占劳动力的比重分别仅有 7.5% 和 4.7%。职业教育发展滞后导致我国产业界技能型劳动力不足,尤其是高技能人才严重缺乏。依据 2004 年和 2008 年中国两次经济普查的数据,2004 年我国中级技能以上工人占全部从业人员的比重仅为 9.05%,到 2008 年更是下降到了8.41%。而其中高级技工以上等级的技能型人才（包括高级技工、技师和高级技师）更只有4.3%，而且技术等级越高的人才越是缺乏。

技能型人才的缺乏导致我国虽为"制造业大国"却非"制造业强国"。制造业附加值较低及高端服务业发展乏力，各行业技术创新能力不强，生产资源消耗大，安全生产事故频发等现象在很大程度上与我国从业人员技术素质偏低、高技能人才匮乏有关。我国目前有200多种工业产品占全球总量的第一，但是大部分产品处在产业链的低端。从2009年高技术产品出口中各种贸易方式所占比重来看，一般贸易只占高技术出口的13.67%，加工贸易的比重则达到了81.46%。我国高技术出口当中绝大多数是加工贸易，处于全球生产价值链的最低端，以国际分工体系最为活跃的电子产品生产为例，生产高附加值芯片、软件的美国获得了全世界电子行业60%左右的利润，生产关键性电子器件的日本、韩国等国家获得了全世界电子行业20%左右的利润，而从事一般部件生产及装配工作的中国只能获得10%左右的利润。❶

4.1.3　普及受教育程度

职业教育发展加快高中阶段教育的普及，提高高等教育毛入学率，从而提高我国劳动力的人均受教育年限。一方面，中等职业教育对普及高中阶段教育具有重要贡献；另一方面，高等职业教育对提升高等教育入学率也具有重要贡献。中等职业教育招生人数占

---

❶ 陈继勇，周琪.中美高技术产品贸易失衡问题研究[J].湖北大学学报，2010（3）：36-40.

高中阶段招生人数的比重及高等职业教育招生人数占高等教育招生人数的比重,都在逐步提升,因而职业教育在提高我国劳动力人均受教育年限中扮演了重要角色。

4.1.4　提供多样化入学机会

职业教育可以提供多样化的入学机会,有利于实现教育机会的公平和就业能力的提升。目前的教育体系偏重于普通教育,初中毕业生竞争进入高中,高中毕业生竞争进入大学。教育资源的配置偏重普通教育,农村、偏远地区或者弱势群体的孩子难以获得优质教育资源,难以进入大学这座"独木桥",中国城乡之间、地区之间和性别之间都存在一定的教育不平等。对于贫困地区的学生来说,大力发展职业教育,可以使部分初中和高中毕业但未能继续升学的学生,获得进一步的受教育机会,培养他们通过接受职业技能培训而得到人力资本的进一步积累,通过技能素质提高而获得更好的就业机会。

4.2　职业教育与人才强国战略差距表现

4.2.1　发展规模和速度差距

从规模来看,德国、日本、韩国和中国台湾地区在工业化中期时,职业教育学生数占总人口比重年均增长率分别达到了2.5%、2.4%、2.0%和2.0%。如果以第一产业就业比重来确定中国工业化中期的开始年份（2005年），则中国到2010年为止这一指标才仅达到1.7%，并且2010年我国的第一产业就业人数和增加值比重已经下跌至36.7%和10.1%，这表明不久即将进入工业化后期，因此目前的职业教育发展规模相对落后。从增长速度来看，渐进式工业化的德国和日本在工业化中期的职业教育学生数占总人口比重年均增长率分别为3.3%和5.4%，而赶超式或后发式工业化的韩国和中国台湾地区该增长率则达到了10.7%和12.8%，发展速度明显较快。中国的工业化进程远快于德、日两国，几乎与"亚洲四小龙"不相上下，但目前职业教育的扩张速度为年均8.3%，低于韩国和中国台湾地区，这表明职业教育发展速度相对于迅速的工业化进程而言较低，因而很可能成为制约工业化进程的人力资源瓶颈。

随着中国改革开放和世界经济一体化进程的加快，中国制造业飞速发展，相关的产业共性技术迅速提升，奠定了"制造业大国"的地位。然而，我国制造业的发展同其他行业一样，面临着人力资本投资与管理的问题，制造业人才总量和结构方面存在的问题制约着中国进入"制造业强国"之列的进程。因此，探讨我国制造业发展与其教育是否协调，制造业人才培养能否有效承载制造业共性技术发展，具有较强的现实意义。

已有的研究也普遍认识到中国需要建立一个培养适合现代制造业发展的跨学科复合型创新人才的教学体，❶探讨出一条培养新

---

❶ 钟志华，张桂香，刘子建.现代制造业跨学科人才培养模式研究与实践[J].大学教育科学，2009（4）：38-42.

型机械制造专业人才的教学思路,[1]培养符合社会所需的人才,[2]包括发展高等职业教育使之与制造业发展协调。[3]然而,我国制造业人才培养总量、结构和质量还远未适应制造业产业共性技术发展的要求。

我国的教育分为三大基本类型:普通教育、职业教育和成人教育。与制造业发展相关性较高的全日制教育类型为职业教育学校教育和普通高等学校教育,成人教育的学生一般在入学前已经就业,已经有了部分社会产值,为了防止重复计算,对于再次进入学校学习的这部分人群暂未予以统计。中等职业学校主要是实施中等职业教育的学校,招生对象是初中毕业生和具有与其同等学力的人员,基本学制为三年制。中等职业教育是在高中教育阶段进行的职业教育,也包括部分高中后职业培训,目前是我国职业教育的主体,其定位是在义务教育的基础上培养大量技能型人才与高素质劳动者。中等职业教育主要培养的是从事工业生产活动的技术工人,占比例最大的就是制造业;普通本专科学校的学生也占有较大比例,并且其中工学学科同制造业的联系最紧密;除此之外,硕士研究生和博士生中毕业的工学研究生也属于这一范畴,但是整体上人数较少。

---

[1] 王小纯,梁式,王文军.面向新型制造业的机械类人才培养的探讨与研究[J].高教论坛,2009(10):32-33.

[2] 谭冰.世界制造业中心形成与我国人才问题探讨[J].科技进步与对策,2005(5):166-167.

[3] 孟仁振.制造业布局与高等职业教育空间耦合的实证研究——以长江三角洲地区为例[J].教育理论与实践,2012(18):18-20.

　　总体来看，我国制造业相关的毕业生人数呈现波动式上升的趋势（见图4-1），将其与制造业在我国国内生产总值（GDP）中的比重相比较可以发现，制造业人才培养同制造业的经济贡献并不匹配，与美国相比可以明显发现，两者存在不小的缺口，按历史规律来看可以分成三个阶段（见图4-2）：第一阶段是从1990—1995年，在这一段时间中制造业的发展比例大幅度下降，而教育比例从3%增加到7%左右；第二阶段是1995—2002年，在这一时期两者都表现出比较平稳的比例；第三阶段是从2003年至今，在这一时期中，1999年的扩招在2003年显现，直接增加了毕业生的人数，之前较大的发展与教育缺口在这个时期有收敛的趋势。

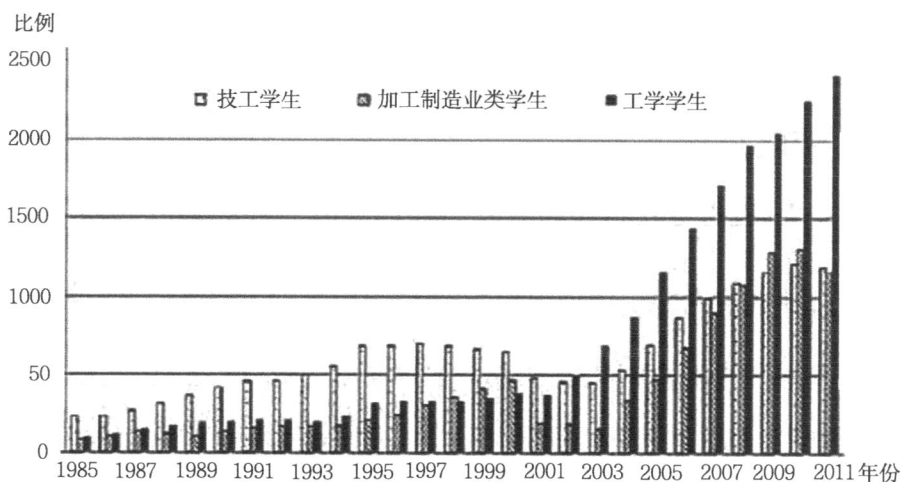

图4-1　制造业相关的毕业生人数❶

---

　　❶ 卜伟,李剑桥,徐黄华.我国制造业发展与其教育关联性研究[J].宏观经济研究,2014(10):71-84.

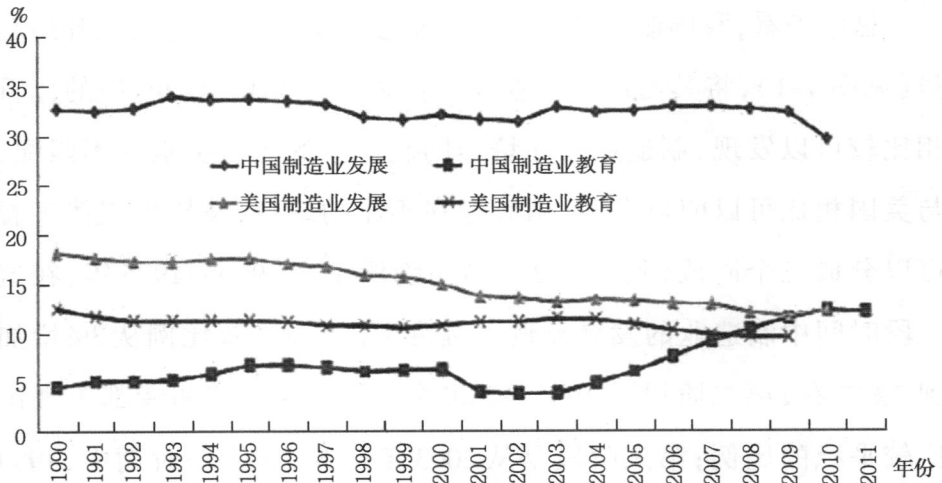

图4-2　中美两国制造业发展与制造业教育趋势[1]

　　以中等职业教育为例,"一条腿长,一条腿短"概括了我国高中阶段教育发展的典型状况。数据显示,我国高中阶段教育发展不协调、结构不合理的问题由来已久:从20世纪80年代中期开始,中等职业教育的普及状况就相对较低,招生数不到普通高中的1/2,学校和教师状况也更为薄弱;经过10年发展,到20世纪90年代中期,中等职业教育的状况一直处于相对改善状态,毕业生人数相对招生人数的比重也逐年提高,但是中等职业教育的普及率仍然不高,这与许多国家将职业教育和学位教育置于同等地位的状况存在显著差异;从20世纪90年代中期开始,我国中等职业教育相对普通高中的发展状况反而有所倒退,从招生状况来看,全国中等职业教育招生相对普通高中的比例直线下降,从1996年的1∶1.44下降到2008年

　　❶ 卜伟,李剑桥,徐黄华.我国制造业发展与其教育关联性研究[J].宏观经济研究,2014(10):71-84.

的1:2.85(见图4-3),毕业生对招生人数的比重也从原来超过普通高中的状况演变为低于普通高中,中等职业教育从人们观念中的"二流教育"演变为实际中的弱势教育环节。

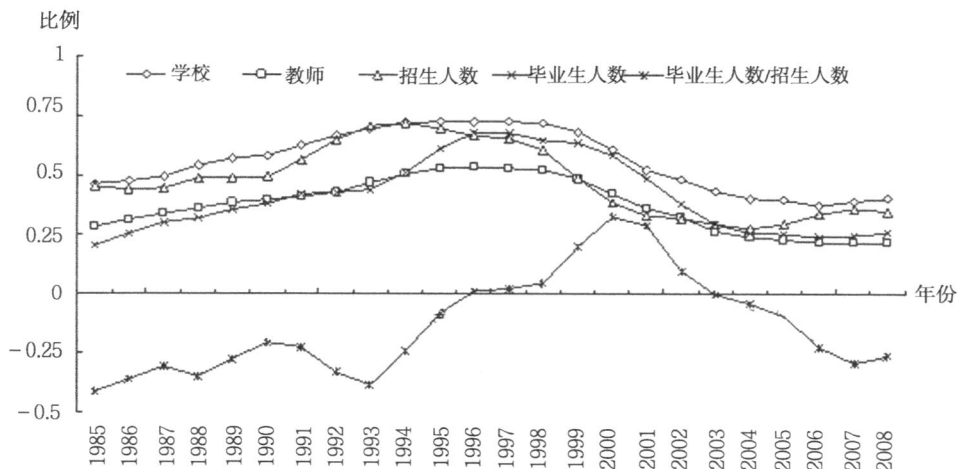

图4-3 各类高-职比和学生毕业状况❶❷

4.2.2 教育层次和机构差距

从结构方面来看,我国职业教育与普通教育发展差距较大,职业教育内部结构也亟须调整。2004年之后,我国普通教育学生人数改变了快速增长的趋势,基本稳定在一千万以下,但其总量仍是职业教育的4~5倍,这一状况与发达国家工业化中期职业教育快速扩张和普及化的趋势存在较大差异。从职业教育内部来看,中等专业

---

❶ 中国资讯行.各类高一职比和学生毕业状况[EB/OL].(2016-01-01)[2016-04-22].http://www.infobank.cn.

❷ 毕业生人数/招生人数:指中等职业技术学校该项比减去普通高中该项比,反映两类院校招生人数毕业状况的差异。

学校、职业中学等中等职业教育在我国职业教育中占据了主要份额,高等职业学校直到21世纪初期才开始出现较快增长,工业化中期中等职业教育规模大约是高等职业教育的3~5倍,而高等职业学校盲目升本的发展趋势进一步阻碍了职业教育整体水平的提升。而德国、日本和中国台湾地区的高等职业教育在工业化中期阶段已经具有较大规模,并且在工业化中后期逐步替代中等职业教育成为主流。

我国职业教育不仅与普通教育存在较大差距,其内部状况也表现得参差不齐。20世纪70年代以来,我国职业教育的师生比(学生数/教师数)一直不断攀升,并且在21世纪初超过普通教育,而普通教育师生比除了1994—2004年有所上升以外,在其他各阶段基本都呈下降趋势。这表明我国工业化中期的职业教育不仅质量提升缓慢,而且在短时间内很难与普通教育相匹敌。从职业教育内部来看,占据职业教育主要份额的中等专业学校和职业中学师生比最高,教育质量很难得到保障,高等职业教育的师生比尽管相对较低,但不断攀升的趋势也表明其教育质量不容乐观。

以中等职业教育为例,我国目前中等职业教育机构发展的状况相对滞后甚至倒退(见表4-1、图4-4),2000年以来普通中专、成人中专、职业高中和技工学校的增长率分别为0.69%,−9.39%,−3.22%和−2.16%,整体中等职业教育机构的增长率为−3.33%。在这些机构中中央和地方部门学校的规模逐年萎缩,两者的增长率分别为−8.80%和−3.67%,主要支持中等职业教育机构发展的力量为民办学校,其增长速度为年均21.03%。

表4-1 中等职业教育发展状况

项目		年份									
		2000	2001	2002	2003	2004	2005	2006	2007	2008	2009
学校数（所）	整体	19727	17823	15919	14787	14454	14466	14693	14832	14847	14401
	普通中专	3646	3300	2953	3065	3047	3207	3698	3801	3846	3789
	成人中专	4634	4054	3473	2823	2742	2582	2350	2120	1983	1883
	职业高中	7655	7037	6418	5824	5781	5822	5765	5916	5915	5652
	技工学校	3792	3434	3075	3075	2884	2855	2880	2995	3103	3077
学生数（万人）	整体	1213.44	1202.10	1190.75	1254.68	1409.25	1600.04	1809.89	1987.01	2087.09	2195.17
	普通中专	489.52	472.94	456.35	502.37	554.47	629.77	725.84	781.63	817.28	840.43
	成人中专	169.26	161.27	153.28	105.45	103.35	112.55	107.59	112.98	120.65	160.99
	职业高中	414.56	421.35	428.13	455.76	516.92	582.43	655.64	725.25	750.32	778.42
	技工学校	140.10	146.55	152.99	191.10	234.50	275.30	320.82	367.15	398.85	415.32
招生人数（万人）	整体	386.75	430.15	473.55	509.53	566.20	655.66	747.82	810.02	812.11	868.52
	普通中专	132.59	143.95	155.31	183.88	203.84	241.13	278.89	297.29	303.78	311.71
	成人中专	53.39	55.47	57.55	42.98	40.00	47.95	46.16	52.00	55.83	86.89
	职业高中	150.39	168.88	187.36	197.26	212.66	248.21	288.02	302.18	290.66	313.17
	技工学校	50.38	61.86	73.33	85.41	109.70	118.37	134.76	158.55	161.84	156.75

项目		年份									
		2000	2001	2002	2003	2004	2005	2006	2007	2008	2009
教职工数（万人）	整体	138.3	127.17	116.04	108.42	104.03	109.32	113.74	119.61	122.22	122.92
	普通中专	48.81	43.48	38.15	34.70	33.28	33.48	36.68	38.85	40.28	41.13
	成人中专	20.84	17.68	14.52	12.61	12.53	12.13	11.12	10.62	10.33	9.42
	职业高中	44.69	43.86	43.03	36.33	37.72	38.93	40.37	41.73	42.78	42.56
	技工学校	23.96	22.15	20.34	20.34	20.50	20.40	21.53	24.00	24.88	25.97
专任教师数（万人）	整体	79.65	74.35	69.06	68.60	70.85	74.98	79.91	85.89	89.49	86.86
	普通中专	25.64	23.21	20.78	19.86	19.71	20.30	22.92	24.90	26.14	27.23
	成人中专	11.83	10.12	8.41	7.53	7.58	7.50	7.03	6.76	6.66	6.26
	职业高中	28.18	27.73	27.27	25.79	27.06	28.25	29.59	30.87	31.97	32.15
	技工学校	14.00	13.30	12.60	12.60	16.50	16.11	17.72	20.43	22.07	18.64

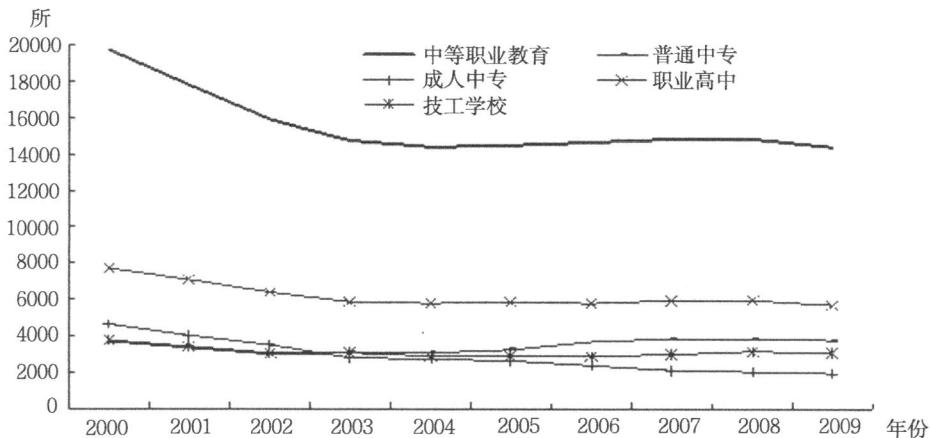

图4-4 中等职业教育学校数量❶

4.2.3 教师质量差距

师资水平是决定职业教育质量的重要一环，目前我国职业教育的师资水平不能满足教育教学需要。我国职业教育师资数量匮乏，按照中等职业学校设置标准，我国中等职业学校专任教师缺口达25万人，如果考虑地域产业结构和经济发展的差异，中等职业教师的地域性缺乏更为严重。数据表明，近年来中等职业学校中专职教师占教师总量的比重逐年下降，总体增长率为-0.43%，其中成人中专的下降速度最快，为年均-1.02%，普通中专和职业高中每年下降的速度也达到了-0.69%和-0.28%，尤其是在中部和西部地区，以外聘教师代替专职教师从事中等职业教学的现象更加明显。由于教师规模的发展相对滞后，近年来中等职业教育的学生教学质量也难以得到有效保障，从师生比状况来看，2000年整体为1∶15，到2009年就下降为1∶25，年均增长率为-5.44%，普通中专、成人中专、职业

---

❶ 中华人民共和国教育部发展规划司.中国教育统计年鉴[M].北京：人民教育出版社,1949-2009.

高中和技工学校分别为-5.06%、-5.19%、-5.33%和-8.09%（见图4-5），并且这一状况在东、中、西部地区普遍存在。

不仅如此，高等职业教育的教师缺口也很大，根据教育部2010年教育统计数据计算，高职院校生师比到达了24∶1，这与教育部高职高专院校人才培养工作水平评估指标体系中规定的生师比16∶1有着很大的差距。教师的缺乏会导致教师超负荷工作，进而必然导致职业教育质量下降。职业教育教师结构不合理也制约了教育质量提升，目前职业院校教师来源主要是学校到学校的途径，教师工作经历少，教育部高教司对辽宁、四川、陕西、湖南、江苏五省三十余所高职高专院校教师队伍现状的调查显示，高校毕业生直接任职者高达66%，而从企业调入者仅有11%。在年龄结构上，职业学校教师以青年为主，年轻教师比较缺乏专业实践技能和相关教学经验，同样会导致职业教育质量的下降。在学历结构上，我国职业教育教师主要以本科为主，学历普遍较低。❶

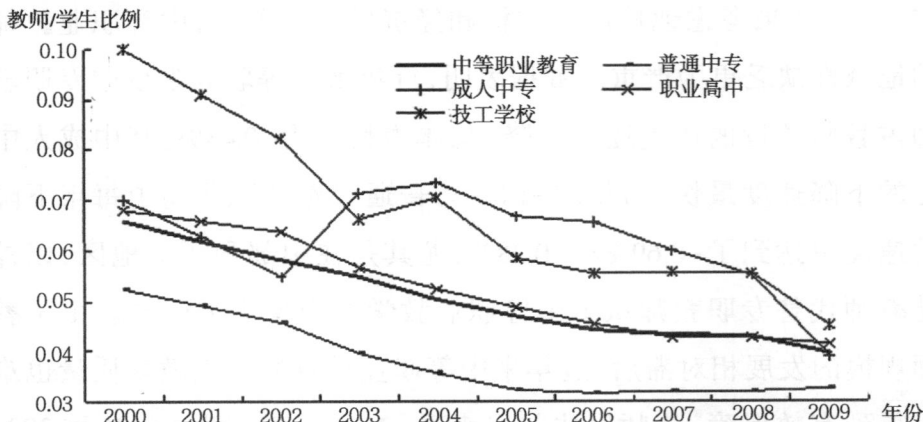

图4-5　中等职业教育师生比状况

❶ 周晓杰,董新稳.当下我国职业教育质量问题及其对策探析[J].河北师范大学学报,2013(5):75-80.

4.2.4 教育地区差距

我国职业教育呈现出城乡和地区发展不平衡的状况,农村和中西部地区相对落后。除了学校机构建设、教师队伍建设方面的差异以外,教育经费的投入也存在显著的倾斜状况(见图4-6),国家财政性教育经费、民办学校私人投入和事业收入均呈现农村职业高中最为落后的情况,教育经费支出也处于最低水平,不利于涉农专业建设,弱化了培养适应农业和农村发展所需专业人才的力度,严重制约了职业教育服务社会主义新农村建设的作用发挥。

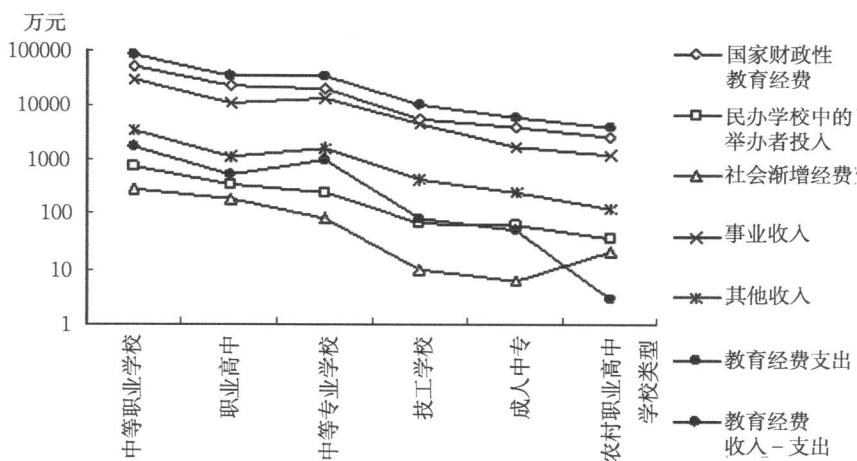

图4-6 中等职业教育经费来源和收支状况对数值❶

从地区差别来看(见表4-2),我国目前中央部门中等职业教育学校的比重在西部地区相对较高,这些地区的民办学校的比重较低,但西部地区的教师力量更为薄弱,地区经济发展状况相对落后,

❶ 中国资讯行. 中等职业教育经费来源和收支状况对数值[EB/OL].(2016-01-01)[2016-04-22].http://www.infobank.cn.

要求国家在西部地区的中等职业教育中投入更多的力量。从招生和毕业生规模来看,目前中部地区的发展相当迅速,在一些指标上已经超过东部地区,但西部地区毕业生获得职业资格的比重目前仍然相对落后,毕业生的就业能力无法得到有效保障,因此在这些地区,积极推进学历证书和职业资格证书"双证书"制度,加强职业学校专业课程内容和职业标准相衔接显得更为必要。

表4-2　东、中、西部地区中等职业教育基本状况[1]

地区	机构类别	总计	普通中专	成人中专	职业高中
东部	学校数(所)	4313	1672	698	1943
	中央部门学校比重(%)	0.42	0.84	0.57	0.00
	地方部门学校比重(%)	75.75	75.42	88.68	71.38
	民办学校比重(%)	23.83	23.74	10.74	28.62
	毕业生数(万人)	183.06	88.06	14.33	80.66
	招生数(万人)	240.01	116.68	19.72	103.61
	在校学生数(万人)	655.78	331.86	44.80	279.12
	获得职业资格证书的毕业生比重(%)	62.32	58.15	43.04	70.30
	教职工数(万人)	41.18	17.45	3.34	17.88
	聘请校外教师比重(%)	9.22	10.64	22.27	4.89
	专职教师比重(%)	90.78	89.36	77.73	95.11
	师生比	0.06	0.05	0.07	0.06
中部	学校数(所)	5095	1343	1005	2747
	中央部门学校比重(%)	0.55	0.52	1.09	0.36
	地方部门学校比重(%)	72.29	78.33	89.05	63.20
	民办学校比重(%)	27.16	21.15	9.85	36.44

[1] 国研网数据库. 东、中、西部地区中等职业教育基本状况[EB/OL].(2016-01-01) [2016-04-22]. http://www.drcnet.com.cn.

续表

地区	机构类别	总计	普通中专	成人中专	职业高中
中部	毕业生数(万人)	171.43	79.45	15.41	76.56
	招生数(万人)	264.69	117.80	21.74	125.14
	在校学生数(万人)	640.88	298.40	42.98	299.50
	获得职业资格证书的毕业生比重(%)	55.67	49.93	34.91	65.80
	教职工数(万人)	36.59	13.92	5.13	16.44
	聘请校外教师比重(%)	10.34	10.61	16.63	7.87
	专职教师比重(%)	89.66	89.39	83.37	92.13
	师生比	0.06	0.05	0.12	0.05
西部	学校数(所)	2429	786	417	1226
	中央部门学校比重(%)	0.86	1.65	1.68	0.08
	地方部门学校比重(%)	76.66	72.77	93.53	73.41
	民办学校比重(%)	22.48	25.57	4.80	26.51
	毕业生数(万人)	76.76	34.75	8.35	33.66
	招生数(万人)	146.78	62.82	10.54	73.43
	在校学生数(万人)	323.20	151.37	25.20	146.63
	获得职业资格证书的毕业生比重(%)	57.42	48.92	43.21	69.72
	教职工数(万人)	17.84	7.47	2.15	7.41
	聘请校外教师比重(%)	13.81	10.31	45.62	7.98
	专职教师比重(%)	86.19	89.69	54.38	92.02
	师生比	0.06	0.05	0.09	0.05

受中等职业教育城乡和地区差距扩大负面影响最大的群体是农民工。由于农村和中西部地区中等职业教育机构、优秀教师、适应教材的缺乏和经费的不足,农民工在流入城市和东部沿海地区之前就无法获得足够的职业技能教育,而进入城市或流入发达地区之后,虽然对城市基础设施的建设及第二、第三产业的发展做出了巨大贡献,但由于户籍制度与职业教育之间的纽带使其无法分享城市

和发达地区的教育资源。并且我国目前对于农民工的职业技术教育重视程度仍然较低,专门针对农民工的职业教育机构极其缺乏,对农民工进行的职业技术培训没有实施载体。随着制造业和服务业产业结构的不断推进,农民和农民工群体对提升自身素质的要求也将进一步提高,加强农村地区和农民工群体的中等职业教育成为社会经济发展的迫切要求。

值得欣慰的是,中等职业学校毕业生中,获得职业资格证书的比重呈现逐年上升的态势,近五年的整体年均增长率为6.18%,目前已经达到了58.8%;职业高中的状况更为乐观,目前已经达到了68.4%,并且这一状况在东、中、西部地区没有太大差异(见图4-7),为各地区中等职业教育毕业生的就业提供了较好的保证。

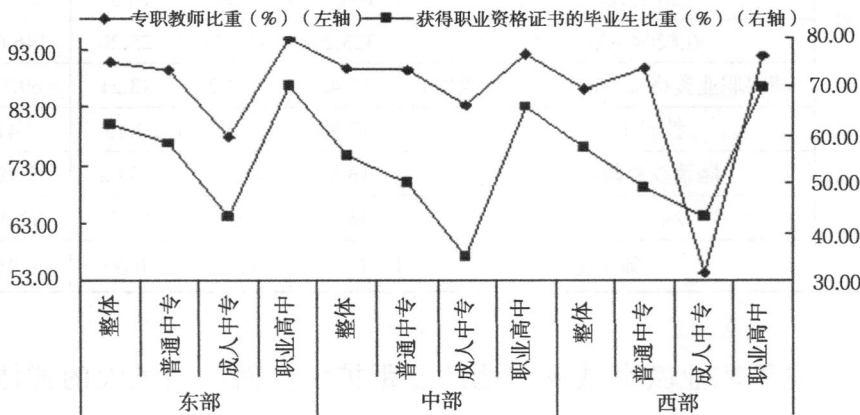

图4-7　中等职业学校毕业生和教职工状况[1]

---

[1] 中华人民共和国教育部发展规划司.中国教育统计年鉴[M].北京:人民教育出版社,1949-2009.

4.2.5　教育经费投入差距

中国目前职业教育生均经费支出低于普通教育。从发展历史来看，自1996年以来，高等普通教育生均经费大约是职业教育生均经费的1.8倍，多年来没有下降的趋势；而中等普通教育生均经费与职业教育生均经费的差距在1996—2009年间呈现逐步扩大的趋势，2009年生均经费之比已达1.3（见图4-8）。

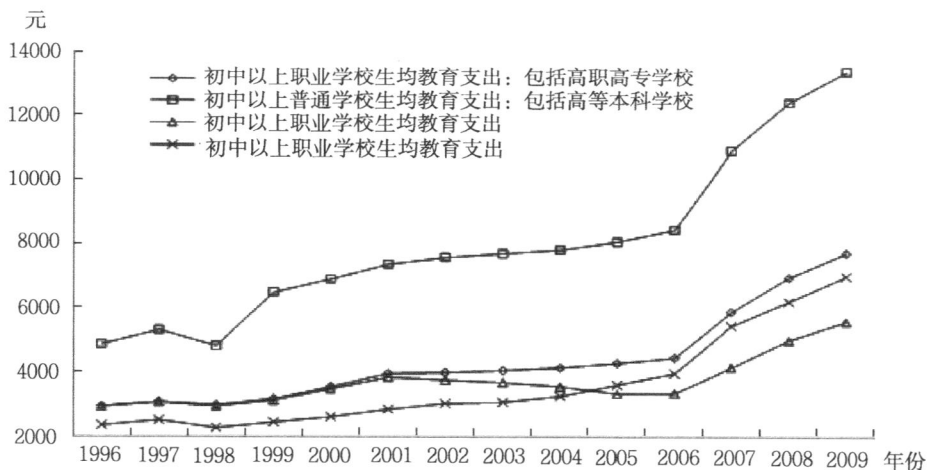

图4-8　中国职业教育与普通教育生均经费支出❶

对比国外经验（见表4-3），经合组织成员方中学阶段普通教育经费与职业教育经费之比平均为1.1：1，高中阶段为1：1，表明中学阶段的生均经费职业教育和普通教育基本持平。目前经合组织主要成员方已经完成工业化，因而可以推测其工业化阶段的职业教育

❶ 教育部财务司，国家统计局社会科技和文化产业统计司. 中国教育经费统计年鉴[M]. 北京：中国统计出版社，1996—2009.

投入经费至少不低于目前的水平。经合组织合作国(以下简称"合作国")包含了许多正经历工业化进程的发展中国家,而这些国家上述两项比值的平均值也达到1:1和1.1:1,低于中国1.3的水平,这表明中国中学阶段的职业教育仍需加强生均投入。经合组织成员方高等普通教育生均经费大约是职业教育生均经费的1.8倍,合作国则为1.9,表明中国高等职业教育和普通教育的生均投入结构基本合理,未来的主要改进方向是增加投入总量和扩大高等职业教育规模。

表4-3　经合组织国家及其合作国普通教育与职业教育生均经费比[1][2]

国家	中学阶段	高中阶段	高中以上非大学阶段	大学阶段
奥地利	0.92	0.94		
加拿大				1.30
智利	1.19	1.23		2.07
捷克	0.96	0.85	1.04	3.02
芬兰	1.18	0.85		2.00
法国	0.79	0.93		0.92
德国	0.64	0.70	1.01	2.05
希腊				1.26
匈牙利	1.06	1.06		2.04
意大利				1.98
澳大利亚	1.67	1.73		1.93

[1] 教育部财务司,国家统计局社会科技和文化产业统计司.中国教育经费统计年鉴[M].北京:中国统计出版社,1996—2009.

[2] Education at a Glance 2010 OECD indicators. 经合组织国家及其成员方普通教育与职业教育生均经费比[EB/OL].(2016-01-01)[2016-04-22]. http://www.oecd.org/publishing/corrigenda.

国家	中学阶段	高中阶段	高中以上非大学阶段	大学阶段
日本				1.33
韩国				1.83
卢森堡	1.00	1.00		
墨西哥	2.49	0.81		
荷兰	0.74	0.72		1.74
挪威				2.87
波兰		0.98		
斯洛伐克	0.78	0.76		1.06
瑞典	1.09	1.17	1.31	1.85
瑞士	0.55	0.61	0.36	
OECD平均	1.07	0.96	0.93	1.83
中国		1.30		1.75
阿根廷				1.99
爱沙尼亚		0.94		
印度				0.34
以色列	0.47			1.92
牙买加				5.43
马来西亚				2.04
巴拉圭				2.36
俄罗斯	1.46			1.26
泰国				0.56
合作国平均	0.97	1.12		1.94

从各层次的职业教育和普通教育来看，高等本科学校生均经费最高，高职高专学校生均经费增长率达到了13.1%，与高等本科学校差距有所缩小；技工学校、职业中学和中等专业学校的生均经费都低于普通高中（见图4-9）。

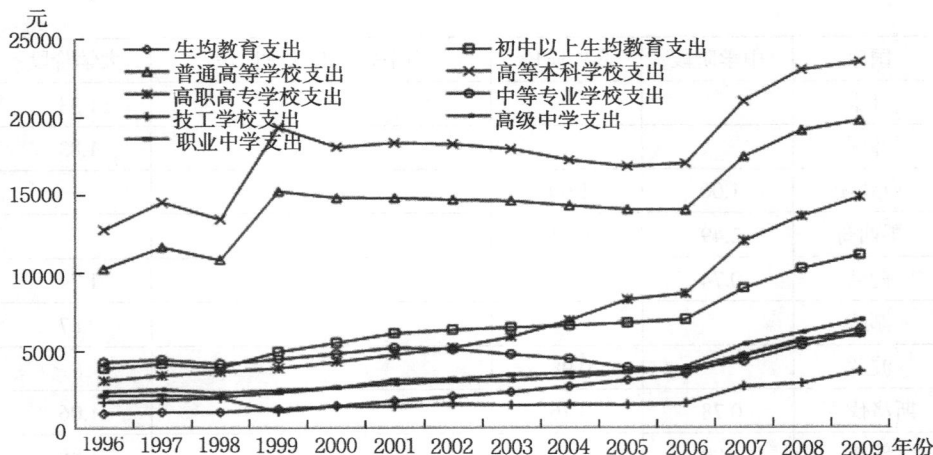

图4-9　中国各类教育生均经费支出❶

以中等职业技术教育为例,这一类型的教育经费总收入不到高等教育的25%,不到中小学经费总量的15%;在国家财政性教育经费中所占的比重只有7.24%,远低于高等教育和中、小学的水平,并且中央在其中所占的比重只有0.79%,远低于所有教育机构4.41%的平均水平。在民办学校私人教育投入中,中等职业技术教育目前占13.56%,远低于高等教育和中、小学水平,在数量微薄的社会捐赠和事业收入中,中等职业技术教育也处于相对劣势地位(见表4-4)。

---

❶ 教育部财务司,国家统计局社会科技和文化产业统计司. 中国教育经费统计年鉴[M]. 北京:中国统计出版社,1996-2009.

表4-4 各类教育机构经费来源及构成❶❷

各类教育机构	合计（亿元）	其中中央支出占比（%）	国家财政性教育经费（亿元）	其中中央支出占比（%）	预算内教育经费（亿元）	其中中央支出占比（%）	民办学校办学经费（亿元）	中央（%）
全国总计	145.01		104.50		96.86		0.70	
高等学校	43.47	29.23	20.62	34.53	19.99	34.91	0.30	0.00
中等职业学校	10.49	0.79	6.82	0.74	5.86	0.52	0.09	0.00
普通中专	4.38	1.33	2.66	1.40	2.39	0.95	0.04	0.00
职业高中	4.34	0.06	3.09	0.08	2.49	0.09	0.05	0.00
农村职高	0.56		0.40		0.33		0.01	
技工学校	1.15	1.46	0.64	1.32	0.57	0.73	0.00	0.00
成人中专	0.62	0.87	0.43	0.61	0.41	0.28	0.00	0.00
中学	41.29	0.49	32.15	0.47	29.29	0.47	0.20	0.00
小学	35.51	0.41	32.98	0.41	31.13	0.40	0.10	0.00
特殊教育学校	0.41		0.38		0.33		0.00	
幼儿园	1.99	0.06	1.33	0.06	1.23	0.06		
教育行政单位	2.66	0.41	2.36	0.37	1.98	0.44		
教育事业单位	5.70	13.40	4.67	13.16	3.90	15.72		
资料来源及占比	社会捐资（亿元）	中央（%）	事业收入（亿元）	中央（%）	学杂费（亿元）	中央（%）	其他（亿元）	中央（%）
全国总计	1.03		33.67		23.49		5.12	
高等学校	0.29	46.21	19.33	23.75	14.74	15.73	2.92	29.40
中等职业学校	0.03	0.39	3.22	0.87	2.62	0.88	0.32	1.40

---

❶ 国研网数据库. 东、中、西部地区中等职业教育基本状况[EB/OL].(2016-01-01)[2016-04-22]. http://www.drcnet.com.cn.

❷ 中国资讯行. 中等职业教育经费来源和收支状况对数值[EB/OL].(2016-01-01)[2016-04-22].http://www.infobank.cn.

资料来源及占比	社会捐资（亿元）	中央（%）	事业收入（亿元）	中央（%）	学杂费（亿元）	中央（%）	其他（亿元）	中央（%）
普通中专	0.02	0.64	1.52	1.14	1.27	1.04	0.15	2.56
职业高中	0.01	0.10	1.08	0.02	0.88	0.02	0.11	0.01
农村职高	0.00		0.14		0.12		0.01	
技工学校	0.00	0.00	0.47	1.66	0.38	1.86	0.04	1.58
成人中专	0.00	0.00	0.16	1.68	0.09	2.96	0.02	0.04
中学	0.37	0.98	7.67	0.35	4.79	0.28	0.91	2.04
小学	0.27	0.29	1.69	0.26	0.77	0.10	0.47	0.70
特殊教育学校	0.00		0.01		0.00		0.01	
幼儿园	0.01	0.01	0.60	0.06	0.49	0.01	0.04	0.08
教育行政单位	0.02	0.00	0.18	0.88			0.10	0.57
教育事业单位	0.03	0.00	0.72	14.52			0.28	15.76

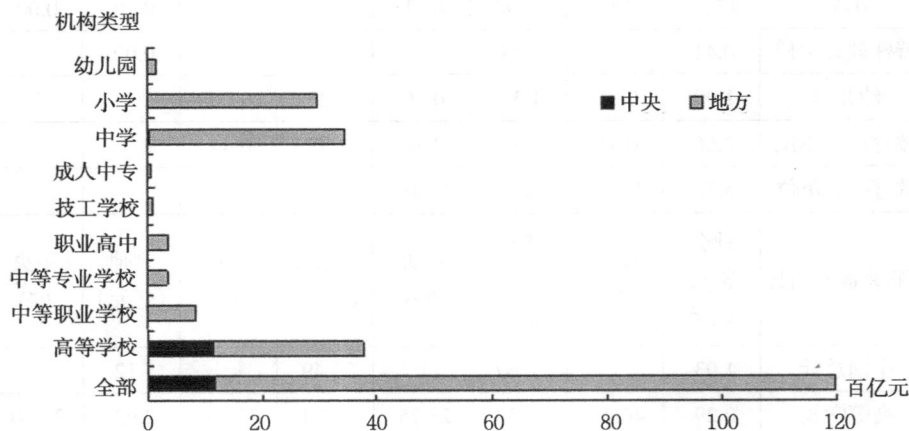

图4-10　教育经费总收入构成[1]

---

[1] 中国资讯行. 中等职业教育经费来源和收支状况对数值[EB/OL].(2016-01-01) [2016-04-22].http://www.infobank.cn.

机构类型

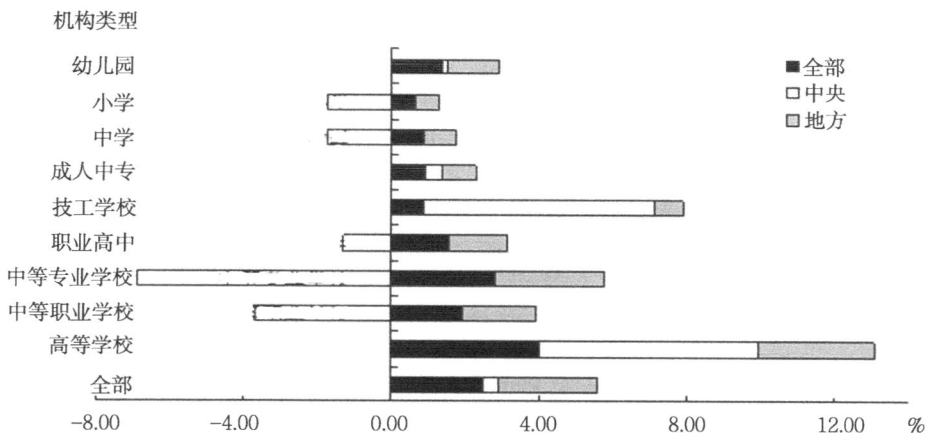

图 4-11 教育经费总收入减支出❶

中等职业教育中央和地方教育投入构成也呈现明显的非均衡（见图 4-10），大部分类型的中等职业教育机构中中央投入的经费不到 1%，并且这部分投入的运营状况也不容乐观，采用（教育经费总收入–支出）/总支出）来衡量可以发现（见图 4-11），大部分中央所属的中等职业教育机构都出现了赤字状况，严重制约了这些教育机构的良性运作，地方所属的中等职业教育机构的状况虽然并未入不敷出，但其运作状况也低于平均水平。

4.3 未来差距的预测及缩小途径

4.3.1 人才培养规模

上述研究表明，我国职业教育的发展与人才强国战略还存在较

---

❶ 中国资讯行. 中等职业教育经费来源和收支状况对数值[EB/OL].(2016-01-01)
[2016-04-22].http://www.infobank.cn.

大差距,未来我国必须结合工业化进程稳步构建相应的保障机制,应对现代职业教育体系发展所存在的问题。结合工业化国家及地区的经验,我国当前职业教育规模仍未达到高峰,如果按照3.8%的职业教育学生数占总人口平均规模来测算,未来中国职业教育还有将近一倍的上升空间。德国、日本、韩国、中国台湾地区的职业教育规模从峰值的一半水平到达峰值平均经历15年左右的时间,按此推算,如果我国在2025年实现职业教育规模最大,那么职业教育学生数占总人口规模的年均增长率需要达到5.7%。从总量来看,中国2025年人口将达到13.9亿人[1],那么届时职业教育学生人数将达到5200万人,这意味着15年中国职业教育学生人数年均增长率需要达到6.1%。

同时,依据第一产业就业人数和增加值比重,以及第二产业增加值发展规律来看,我国在"十三五"时期将会进入工业化后期。对比德国和日本的大国经验可以发现,两国职业教育规模在工业化中期达到高峰,进入工业化后期则相对收缩,因此与这两个国家相比,我国当前的职业教育发展速度很可能相对工业化发展较为滞后。而赶超式发展的韩国和中国台湾地区的职业教育均在工业化后期达到最大规模,但其职业教育的发展在很大程度上受到新兴产业对技术劳动力需求的影响,因此我国职业教育规模能否顺利达到发展要求,在很大程度上还取决于工业化中后期传统产业和新兴产业的增长动力,新型工业化道路的可持续性及与之相配套的生产性服务

---

[1] 联合国人口基金.2011年世界人口状况报告:70亿人口世界中的人类和机遇[R].日内瓦:联合国,2011.

业的发展规模。按照中国工业化发展阶段及职业教育未来15~20年的发展规模，结合发达国家及地区的经验，政府应重点在教育经费、教师规模和质量等方面予以重点保障。

4.3.2　教育投入经费

从工业化后期阶段职业教育经费支出总量占GDP的比重来看，1970年日本职业教育经费支出占GDP的比重大约为0.9%，1980年大约为1.2%；韩国2000年职业教育经费支出占GDP的比重大约为1.7%[1]；而进入后工业化阶段的德国仍然保持了较高的职业教育规模，1980年其职业教育经费支出占GDP的比重大约为1.2%，可以推测在工业化中后期其职业教育经费支出规模也可能较高。[2]从中国台湾地区的发展经验来看（见图4-12），在其工业化后期阶段的1976—1996年，职业教育经费支出占GDP的比重年均为0.9%，最高峰为1993年的1.1%。在上述各国和地区可获得的数据中，工业化

---

[1] 日本普通教育和职业教育学生比例1970年为76∶24，1980年为80∶20（YOSHIHIS-AGODO.Yujiro Hayami catching-up in education in the economic catch-up of Japan with the US 1890-1990[J]. Meiji Gakuin University, 2008（4），1970年职业教育经费支出占GDP比重约为3.9%，1980年大约为5.8%（El-AGRAA ALI M, Ichii A. The Japanese Education System with Special Emphasis on Higher Education[J].Higher Education, 1985（2）。2000年韩国普通教育和职业教育学生比例约为3.20∶1（Ministry of Education & Human Resources Development, Korean Educational Development Institute. Brief statistics on Korean education[M]. Published by MOEand KEDI, 2005），韩国职业教育经费支出占GDP比重为7.1%（程爱洁.韩国高等教育的发展历程及特点[J].上海理工大学学报，2005（9）：72-75.）。

[2] 王小军，赵函，黄日强.政府拨款：德国职业教育经费的重要来源[J].武汉职业技术学院学报，2010（9）：91-93.

后期阶段职业教育经费支出总量占 GDP 的比重区间大约为 0.9%~
1.7%，平均水平维持在 1.2%。

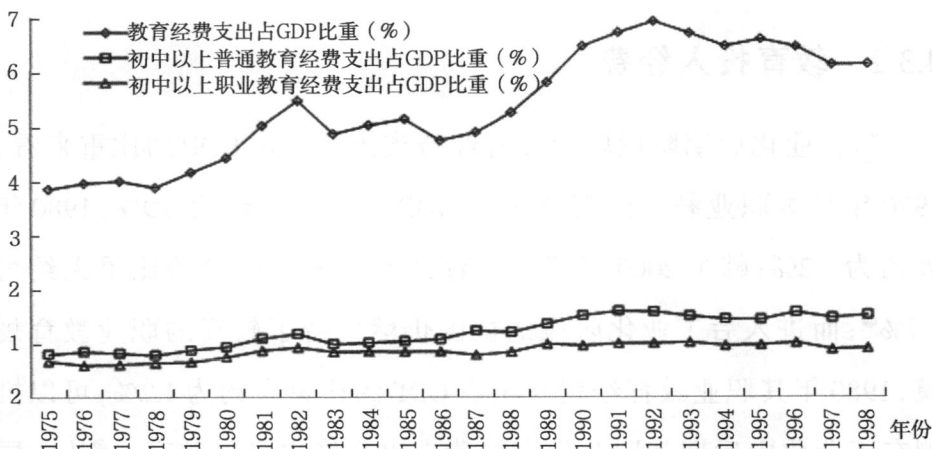

图4-12　中国台湾职业及普通教育经费支出占GDP比重[1]

中国职业教育经费支出占 GDP 的比重从 1996 年的 0.45%上升
到 2009 年的 0.59%（见图 4-13），目前处于工业化中期阶段，如果按
照之前的判断，我国在"十三五"期间进入工业化后期，那么支撑我
国职业教育整体发展规模的职业教育经费支出占 GDP 的比重也将
接近发达国家工业化后期的水平，按此预测职业教育经费支出及生
均经费在未来 15 年的趋势（见表 4-5、图 4-14、图 4-15）。

---

[1] 中国台湾教育主管部门. 台湾职业及普通教育经费支出占 GDP 比重[EB/OL].
(2016−01−01)[2016−04−22]. http://140.111.34.54/statistics/index. aspx.

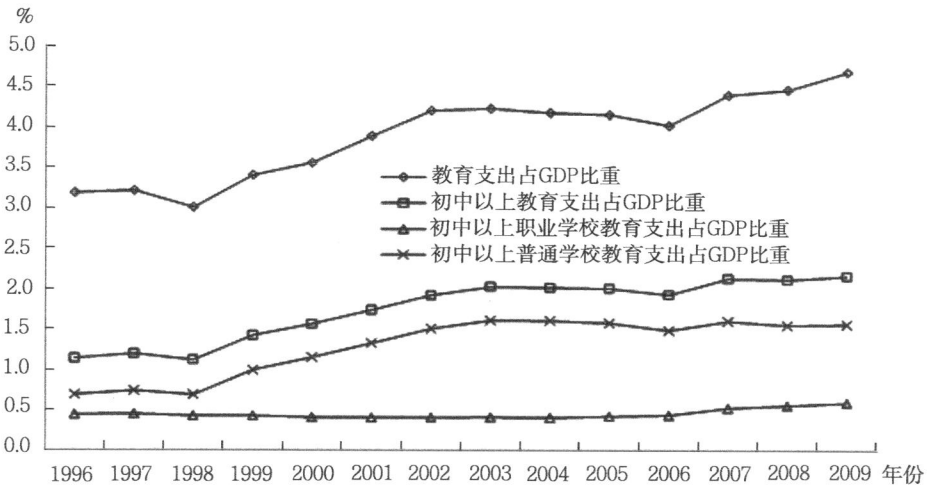

图4-13　中国职业及普通教育经费支出占GDP比重❶

❶ 中华人民共和国教育部发展规划司.中国教育统计年鉴[M].北京：人民教育出版社，1996-2009.

表4-5　职业教育经费支出总额和生均经费预测（2010年）❶

年份	职业教育学生数（万人）	实际GDP增长率（%）	GDP(万亿元)	职业教育经费支出占GDP比重(%)			职业教育经费支出阶段性增长率(%)		
				低	中	高	低	中	高
2010	2796	10.40	40.33	0.61	0.63	0.65			
2011	2956	9.20	44.04	0.63	0.67	0.70			
2012	3117	8.10	47.60	0.64	0.70	0.76			
2013	3277	8.40	51.60	0.66	0.74	0.81	11.48	14.12	17.78
2014	3437	7.90	55.68	0.67	0.77	0.87			
2015	3597	7.90	60.08	0.69	0.81	0.92			
2016	3758	7.70	64.70	0.71	0.84	0.98			
2017	3918	7.20	69.36	0.72	0.88	1.03			
2018	4078	6.30	73.73	0.74	0.91	1.09	9.1	10.89	12.84
2019	4238	5.60	77.86	0.75	0.95	1.14			
2020	4399	5.10	81.83	0.77	0.98	1.20			
2021	4559	4.70	85.68	0.79	1.02	1.25			
2022	4719	4.50	89.53	0.80	1.05	1.31			
2023	4879	4.30	93.38	0.82	1.09	1.36	6.69	7.96	9.17
2024	5040	4.10	97.21	0.83	1.12	1.42			
2025	5200	4.00	101.10	0.85	1.16	1.47			

年份	职业教育经费支出总额（千亿元）			职业教育生均经费（万元）			职业教育生均经费阶段性增长率(%)		
	低	中	高	低	中	高	低	中	高
2010	2.47	2.55	2.68	0.88	0.91	0.96			

❶职业教育学生数按2025年达到5200万人测算，GDP依据《中国统计年鉴2011》和世界银行评估的中国GDP增长率预测，数据来源于EIU CountryData数据库(https://eiu.bvdep.com)，职业教育经费支出占GDP比重依据前文讨论制定高方案(2025年达到1.7%)、中方案(2025年达到1.2%)和低方案(2025年达到0.9%)，相应职业教育经费支出总额和生均经费也有三类预测方案。

年份	职业教育经费支出总额（千亿元）			职业教育生均经费（万元）			职业教育生均经费阶段性增长率(%)		
	低	中	高	低	中	高	低	中	高
2011	2.79	2.95	3.23	0.94	1.00	1.09			
2012	3.10	3.37	3.82	1.00	1.08	1.22			
2013	3.46	3.85	4.49	1.06	1.17	1.37	6.00	8.51	11.99
2014	3.84	4.36	5.23	1.12	1.27	1.52			
2015	4.26	4.94	6.06	1.18	1.37	1.69			
2016	4.71	5.56	6.98	1.25	1.48	1.86			
2017	5.18	6.22	7.96	1.32	1.59	2.03			
2018	5.65	6.89	8.97	1.39	1.69	2.20	4.80	6.51	8.39
2019	6.12	7.58	10.01	1.44	1.79	2.36			
2020	6.58	8.27	11.08	1.50	1.88	2.52			
2021	7.06	8.98	12.20	1.55	1.97	2.68			
2022	7.55	9.73	13.36	1.60	2.06	2.83			
2023	8.05	10.50	14.58	1.65	2.15	2.99	3.17	4.41	5.58
2024	8.56	11.30	15.85	1.70	2.24	3.15			
2025	9.10	12.13	17.19	1.75	2.33	3.31			

按照中位预测的结果,未来15年职业教育经费支出总额的实际年均增长率为10.9%,"十二五"期间实际年均增长率将保持在14.1%,经费支出总额将从2012年的3370亿元增长到2015年的4935亿元;生均经费未来十五年的实际增长率为6.5%,"十二五"期间年均实际增长率为8.5%,经费总额从2012年的每人每年1.08万元增长到2015年的1.37万元。在"十三五"及以后的时期,随着工业化逐渐进入后期阶段,职业教育经费支出总额和生均经费增长率有所下降,但仍会分别维持在年均7.4%和4.1%的实际增长率水平以上。

亿元

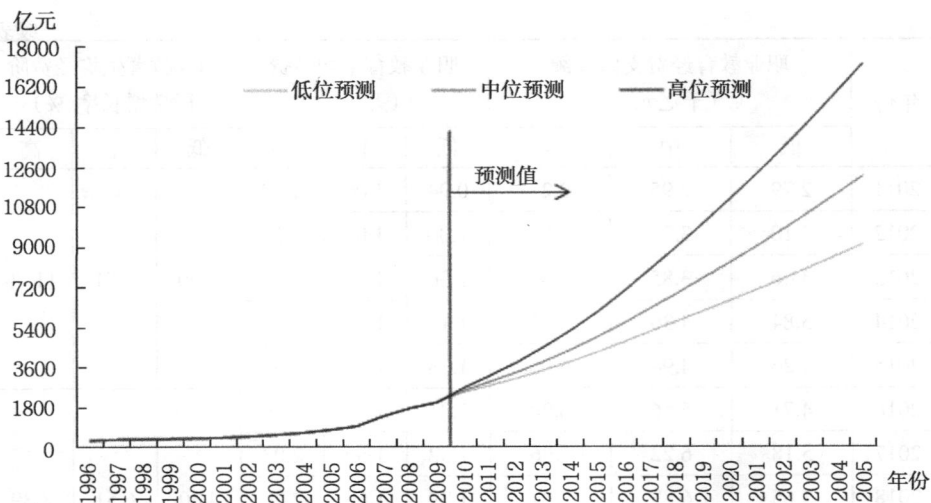

图 4-14　中国职业教育经费支出预测❶

元

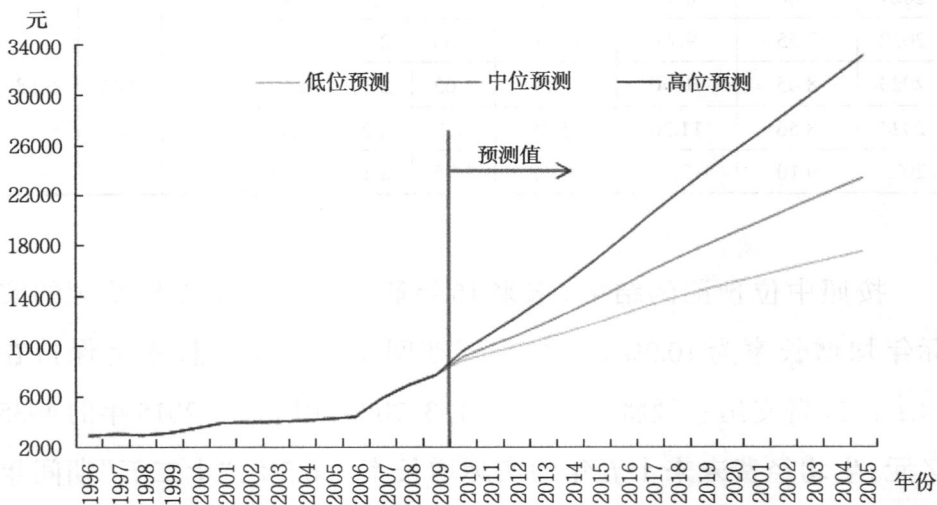

图 4-15　中国职业教育生均经费预测值❷

---

❶ 中华人民共和国教育部发展规划司.中国教育统计年鉴[M].北京:人民教育出版社,1996-2015.

❷ 中华人民共和国教育部发展规划司.中国教育统计年鉴[M].北京:人民教育出版社,1996-2015.

　　未来职业教育发展所需的经费支出规模要求职业教育投入与之相适应，而从我国教育经费投入的状况来看，未来职业教育经费的缺口可能主要来自两方面。其一是教育经费总额和增长率的差距，以及国家财政性教育经费的规模较小。依据经合组织的最新统计，2007年德国、日本、韩国和中国台湾地区教育经费占GDP的比重分别达到了4.8%、4.9%、7.0%和5.5%，经合组织国家平均为5.7%，金砖国家中的巴西和俄罗斯两国也达到了5.2%和7.4%，而中国2010年为4.8%，处于偏低水平。依据教育联合国教科文组织最新公布的数据，2008年德国、日本、韩国和中国台湾地区国家财政性教育经费占GDP的比重分别达到了4.6%、3.5%、4.8%和4.2%，经合组织国家平均达到了5.2%，巴西、俄罗斯和南非也达到了5.4%、4.1%和5.1%，基本上都超过了4%的水平，而中国2010年为了3.64%，处于偏低水平。从发展趋势上看，1996年以来我国教育经费和财政性教育经费的增长率为年均17.1%和17.5%，均低于国家财政支出总额增长率年均18.9%的水平（见表4-6）。教育经费总额和国家财政性教育经费投入较低并且增长偏慢，导致职业教育可获得的经费总量及其增长幅度受到较大限制。

表4-6　职业教育经费收入总额及占比[①②]

年份	教育经费投入(亿元)			国家财政性教育经费投入(亿元)			教育经费投入占GDP(%)	国家财政性教育经费投入占GDP(%)	职业教育经费投入占GDP(%)
	教育经费投入总额	其中职业教育投入额	职业教育投入占比%	教育经费投入总额	其中职业教育投入额	职业教育投入占比%			
1996	2127	282	13.24	1542	177	11.48	3.03	2.20	0.40
1997	2389	324	13.55	1731	199	11.50	3.06	2.22	0.41
1998	2772	365	13.16	1800	192	10.69	3.34	2.17	0.44
1999	3154	393	12.47	2039	210	10.27	3.56	2.31	0.44
2000	3627	416	11.48	2312	226	9.77	3.70	2.36	0.42
2001	4370	456	10.44	2788	252	9.05	4.04	2.58	0.42
2002	5162	508	9.85	3237	277	8.55	4.33	2.72	0.43
2003	5788	573	9.89	3571	314	8.78	4.28	2.64	0.42
2004	6731	657	9.76	4166	342	8.22	4.22	2.61	0.41
2005	8419	939	11.16	5161	426	8.25	4.58	2.81	0.51
2006	9815	1141	11.62	6348	525	8.27	4.55	2.94	0.53
2007	12148	1484	12.22	8280	745	9.00	4.56	3.11	0.56
2008	14501	1853	12.78	10450	1018	9.74	4.60	3.31	0.59
2009	16503	2122	12.86	12231	1213	9.92	4.83	3.58	0.62
2010	19562			14670			4.84	3.64	

　　其二是教育经费和国家财政性教育经费中职业教育部分的比重较低。2004年之前,我国职业教育经费占教育经费的比重及财政

　　[①] 中华人民共和国教育部发展规划司.中国教育统计年鉴[M].北京:人民教育出版社,1996-2010.

　　[②] 2010年全国教育经费执行情况统计公告.职业教育经费收入总额及占比[EB/OL].(2016-01-01)[2016-04-22]. http://edu.people.com.cn/h/2011/1230/c227696-.

性职业教育经费占国家财政性教育经费的比重持续下降,2004年两
者分别只有9.8%和8.2%,而职业教育在校生占总学生数在这些年
份均持续增长,从2005年开始两者有所上升,但上升幅度并不大,
尤其是国家财政性教育经费向职业教育倾斜的比例较小(见表4-
7)。从增长率来看,职业教育经费和国家财政性职业教育经费增长
率在2004年之前均低于15%,并且低于教育经费和国家财政性教
育经费整体增长率,2004年之后有所上升,但增长率并不稳定,并
且在2009年又回落到2004年水平(见图4-16、图4-17)。

表4-7　职业教育经费和国家财政性

职业教育经费投入总额(2010年估测值)❶

年份	GDP（万亿元）	国家财政性教育经费占GDP（%）	职业教育经费占GDP（%）	国家财政性教育经费（千亿元）	职业教育经费（千亿元）	国家财政性职业教育经费投入占国家财政性教育经费投入比重(%)		
						低	中	高
2010	40.33	3.64	4.85	14.67	19.56	10.23	10.47	10.72
2011	44.04	3.74	4.91	16.48	21.61	10.54	11.03	11.53
2012	47.60	3.85	4.96	18.31	23.63	10.85	11.59	12.33
2013	51.60	3.95	5.02	20.38	25.91	11.16	12.15	13.14
2014	55.68	4.05	5.08	22.57	28.27	11.47	12.71	13.94
2015	60.08	4.16	5.13	24.98	30.84	11.79	13.27	14.75

❶ GDP估值同表4-6,国家财政性教育经费占GDP比重和教育经费占GDP比重依据
前文讨论,两者到2025年达到经合组织国家当前平均水平,分别为5.2%和5.7%,职业教
育经费占教育经费比重按照前文讨论制定高方案(2025年达到25%)、中方案(2025年达
到21.1%)和低方案(2025年达到17.1%),国家财政性职业教育经费占国家财政性教育投
入比重三类方案相对前者低2.2%(依据中国1996—2009年平均差距),相应的财政性职
业教育经费投入总额和职业教育经费总额也有三类预测方案。

年份	GDP（万亿元）	国家财政性教育经费占GDP（%）	职业教育经费占GDP（%）	国家财政性教育经费（千亿元）	职业教育经费（千亿元）	国家财政性职业教育经费投入占国家财政性教育经费投入比重（%）		
						低	中	高
2016	64.70	4.26	5.19	27.58	33.58	12.10	13.82	15.55
2017	69.36	4.37	5.25	30.29	36.39	12.41	14.38	16.36
2018	73.73	4.47	5.30	32.97	39.11	12.72	14.94	17.16
2019	77.86	4.58	5.36	35.62	41.74	13.03	15.50	17.97
2020	81.83	4.68	5.42	38.29	44.33	13.34	16.06	18.77
2021	85.68	4.78	5.47	40.98	46.90	13.65	16.62	19.58
2022	89.53	4.89	5.53	43.76	49.51	13.97	17.17	20.38
2023	93.38	4.99	5.59	46.61	52.17	14.28	17.73	21.19
2024	97.21	5.10	5.64	49.54	54.86	14.59	18.29	21.99
2025	101.1	5.20	5.70	52.57	57.63	14.90	18.85	22.80

年份	国家财政性职业教育经费投入总额（千亿元）			职业教育经费投入总额（千亿元）			职业教育经费投入占教育经费投入比重（%）		
	低	中	高	低	中	高	低	中	高
2010	1.50	1.54	1.57	2.57	2.62	2.66	13.12	13.37	13.62
2011	1.74	1.82	1.90	2.89	3.00	3.11	13.39	13.88	14.38
2012	1.99	2.12	2.26	3.23	3.40	3.58	13.65	14.39	15.13
2013	2.28	2.48	2.68	3.61	3.86	4.12	13.92	14.91	15.89
2014	2.59	2.87	3.15	4.01	4.36	4.71	14.18	15.42	16.65
2015	2.94	3.31	3.68	4.46	4.91	5.37	14.45	15.93	17.41
2016	3.34	3.81	4.29	4.94	5.52	6.10	14.71	16.44	18.17
2017	3.76	4.36	4.96	5.45	6.17	6.89	14.98	16.95	18.93
2018	4.19	4.93	5.66	5.96	6.83	7.70	15.24	17.47	19.69
2019	4.64	5.52	6.40	6.47	7.50	8.53	15.51	17.98	20.45
2020	5.11	6.15	7.19	6.99	8.20	9.40	15.77	18.49	21.21
2021	5.60	6.81	8.02	7.52	8.91	10.30	16.04	19.00	21.96
2022	6.11	7.52	8.92	8.07	9.66	11.25	16.30	19.51	22.72
2023	6.66	8.27	9.88	8.65	10.45	12.25	16.57	20.03	23.48
2024	7.23	9.06	10.9	9.24	11.27	13.30	16.83	20.54	24.24

续表

年份	GDP（万亿元）	国家财政性教育经费占GDP（%）	职业教育经费占GDP（%）	国家财政性教育经费（千亿元）	职业教育经费（千亿元）	国家财政性职业教育经费投入占国家财政性教育经费投入比重（%）			
						低	中	高	
2025	7.83	9.91	11.99	9.85	12.13	14.41	17.10	21.05	25.00

结合前者分析可以发现，我国教育投入呈现如下规律：职业教育经费和国家财政性职业教育经费增长率<教育经费和国家财政性教育经费增长率<财政支出增长率，两个"相对较低"并存对于我国工业化进程中的职业教育发展较为不利。对比发达国家和地区在工业化中后期的经验，如果采用前文分析的数据——职业教育支出占GDP比重平均为1.2%及教育经费占GDP的比重为4.8%~7.0%，可以推测职业教育经费占教育经费的比重应该在17.1%~25.0%左右，国家财政性职业教育经费占国家财政性教育经费的比重略低于该区间。按此估计未来15年职业教育经费和国家财政性职业教育经费的发展趋势，如果教育经费占GDP比重及职业教育经费投入占教育经费投入的比重能够按表4-7所建议的方案增加，那么职业教育的经费投入基本能够满足未来15年职业教育发展规模所要求的经费支出增长趋势；国家财政性职业教育经费的投入总量在"十二五"期间的实际年均增长率需要达到16.6%，并在该时期末达到2944亿~3684亿元；财政性教育经费投入职业教育的比重也需相应增长，在"十二五"末期达到11.8%~14.8%，职业教育投入经费总额中由国家财政提供的比重也需提高，在"十二五"末期达到66.1%~68.6%。在"十三五"期间，国家财政性职业教育经费的投入增长率仍需维持在

10%以上，职业教育投入经费总额中由国家财政提供的比重则需保持在60%以上，每年略有提升。

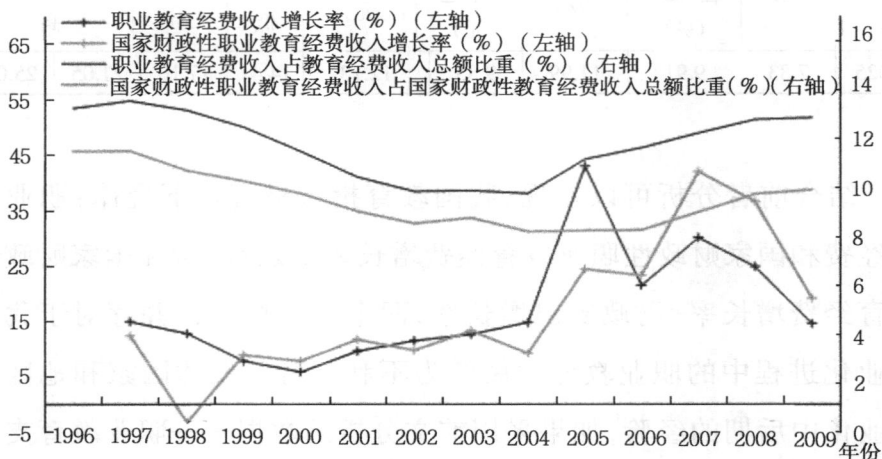

图4-16　中国职业教育经费收入增长率和占比

注：依据表4-7数据计算绘制。

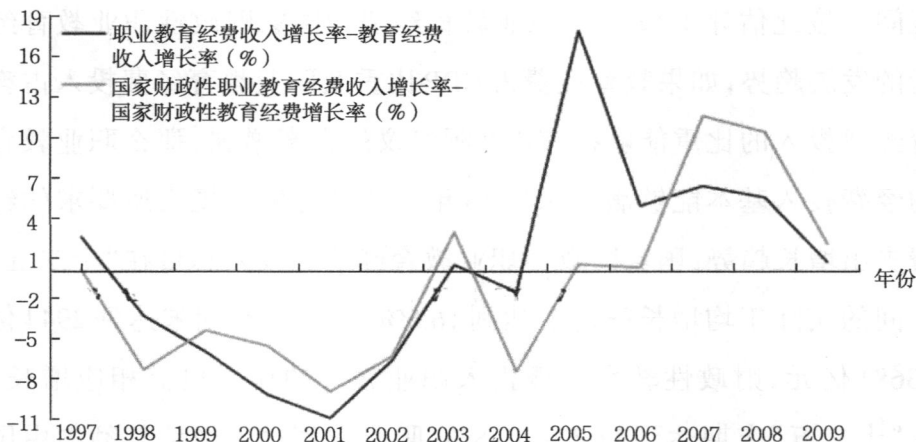

图4-17　中国职业教育经费收入增长率差距

注：依据表4-7数据计算绘制。

4.3.3 教育师资力量

现代职业教育发展除了经费保障外,还需要在师资力量方面给予重点保障。工业化进程中职业教育规模的扩张不仅有教育经费的支撑,还通过其他方面保障现代职业教育体系的发展,以确保职业教育发展的质量,特别是在职业教育教师规模和质量方面给予保障。2008年德国高中阶段的师生比为14.0,日本为12.3,韩国为16.5,经合组织主要国家平均为13.3;并且该阶段职业教育和普通教育的师生比差异不大,大学阶段职业教育的师生比分别为德国12.0,日本7.5,经合组织主要国家平均12.8,这一数据略低于大学阶段普通教育的师生比。而我国2009年高等职业教育的师生比与高等普通教育均为17.6,高于经合组织国家平均水平,中等职业教育师生比为24.7,远高于普通高中和高等职业教育,也高于经合组织主要国家平均水平。因此未来应该进一步提高师生比,尤其是中等职业教育的师生比,这就要求职业教育教师数量增加,同时由于未来职业教育学生规模也将扩大,因此职业教育教师需要以相对更快的速度增长。

按照前文测算的未来职业教育学生数量规模,估计职业教育教师数量发展趋势(见图4–18)。"十二五"期间职业教育专任教师的年均增长率维持在7.95%~8.96%左右,高于职业教育学生增长率4.66%~6.08%的水平,到该时期末,专任教师数量需要达到190万人左右,才能保障职业教育师生比在持续下降。按照中值预期的发展趋势,"十二五"期间职业教育师生比的下降速度在年均2.64%~3.04%,到该时期末将低于19.0%,从而实现该值在工业化后期与发达国家持平。在"十三五"时期,专任教师的总量需要突破200万人,尽管其增长率略低于"十二五"时期,但由于基数较大,年均的人数增长要求仍然较高。

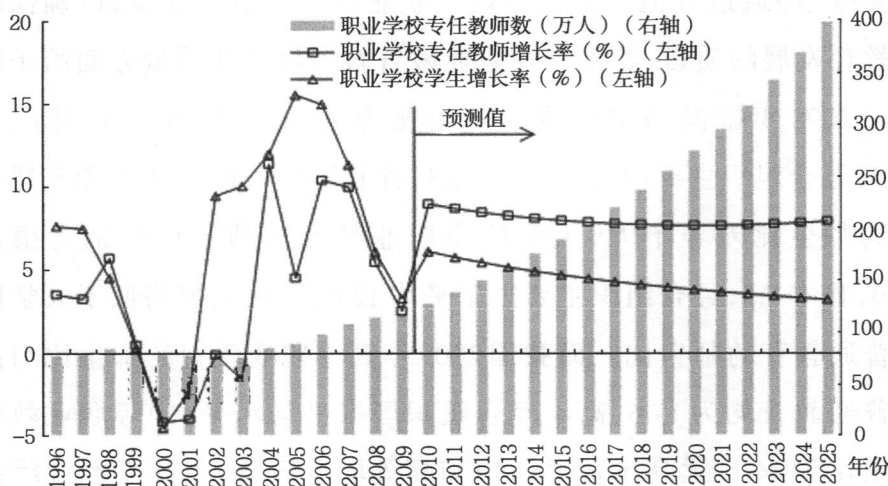

图4-18　中国职业教育教师总量和增长率预测❶❷

职业教育教师规模和质量的保障来自多方面的因素。其中最重要的因素之一为教师待遇,从工业化国家的经验来看,2007年德国、日本和韩国的中等教育经费中教师和辅助人员的工资福利支出比重为81.8%、86.7%和67.0%,经合组织主要国家平均水平为78.8%;上述国家高等教育经费中教师和辅助人员的工资福利支出比重分别为66.5%、60.6%和53.7%,经合组织主要国家平均水平为

❶中华人民共和国教育部发展规划司.中国教育统计年鉴[M].北京:人民教育出版社,1996–2015.

❷教育部财务司,国家统计局社会科技和文化产业统计司.中国教育经费统计年鉴[M].北京:中国统计出版社,1996–2015.

68.1%。而中国2009年教师和辅助人员的工资福利占教育经费比重仅为52.5%，职业教育该比重则更低，仅为38.5%，并且从发展趋势来看（见图4-19），2002年以来职业教育的工资福利占教育经费比重持续下降。

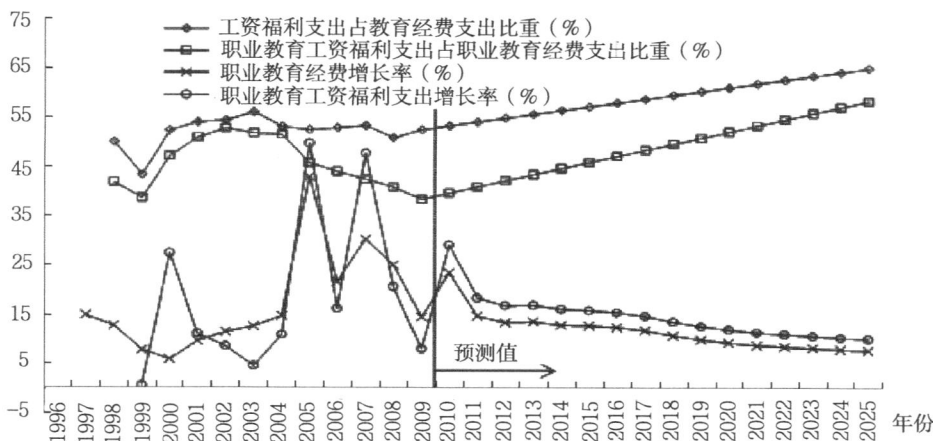

图4-19　中国职业教育教师工资和福利预测❶❷

如果中国职业教育教师工资和福利状况在工业化后期要达到主要发达国家的水平，那么职业教育工资和福利占比需要以更快的速度增长，"十二五"时期职业教育工资和福利的增长率大约需要保持在年均16.8%，在2015年之前均需要保持15%以上的增长率，高于该时期职业教育经费13.4%的年均增长率和整体教育经费9.5%

❶中华人民共和国教育部发展规划司.中国教育统计年鉴[M].北京：人民教育出版社，1996-2015.

❷教育部财务司，国家统计局社会科技和文化产业统计司. 中国教育经费统计年鉴[M]. 北京：中国统计出版社，1996-2015.

的年均增长率。职业教育工资和福利支出占职业教育经费支出比重,在"十二五"末期达到45.9%,才能逐步缩小其与整体工资和福利支出占教育经费支出比重的差别,从而降低职业教育教师待遇与普通教育教师待遇的差异。在"十三五"时期,职业教育工资和福利的增长率及其占职业教育经费支出比重基本延续"十二五"时期的发展趋势,从而保障职业教育从教人员的队伍稳定性和职业教育质量的稳步提升。

第5章　中国的新型工业化道路
与职业教育

新型工业化要求职业教育的作用升级,表现为总量配置的阶段性规律发生改变,结构性配置作用的重要性上升及人才质量需要与新型工业化的多维要求相契合。我国职业教育存在培养规模不足、专业和地区结构偏离等问题,不能很好地适应新型工业化对技能劳动力的数量和结构要求;职业教育人才质量与精细化、层次化、通识化、集约化和国际化要求存在一定的差距,无法有效满足新型工业化对产业创新、安全、协调、效率和国际竞争力提升的多元化需要。中国未来的职业教育应着力构建层次衔接完整,专业分科、地区分布协调的培养体系;改革职业教育课程体系,满足人才培养精细化和通识化的双向要求;提升职业教育培养方式的产业融合性,发挥行业领军企业和行业组织在"现代学徒制"中的作用;建立统一的职业人才流动网络,通过培养和引进相结合的方式扩大高端职业人才规模,构建国际化的职业教育体系。

5.1 中国新型工业化的含义

5.1.1 内容和战略目标

新型工业化道路这个概念是在 2002 年 11 月党的十六大提出的。党的十六大报告指出,坚持以信息化带动工业化,以工业化促进信息化,走出一条科技含量高、经济效益好、资源消耗低、环境污染少、人力资源优势得到充分发挥的新型工业化路子。科技含量高是指要充分发挥科技作为第一生产力的作用,促进科技成果更好地转化为现实生产力,提高产品的质量和竞争力。经济效益好则要实现经济增长方式从粗放型向集约型转变,即从主要依靠增加投入、铺新摊子、追求数量,转到以经济效益为中心的轨道上来,通过技术进步、加强科学管理、降低成本,提高劳动生产率。资源消耗低就是要充分考虑我国人均资源相对短缺的实际,实施可持续发展的战略,坚持资源开发和节约并举,把节约放在首位,努力提高资源利用效率,积极推进资源利用方式从粗放型向节约型的转变,转变生产方式和消费方式。环境污染少意味着经济增长要高度重视生态环境问题,从宏观管理入手,注重从源头上防止环境污染和生态破坏,避免走旧工业化进程中的先污染后治理的老路。人力资源优势得到充分发挥则要求从我国人口多、劳动力资源丰富的实际出发,制定推进工业化的具体政策,处理好发展资金技术密集型产业与劳动密集型产业的关系,坚持走中国特色的城镇化道路,通过教育和培训加强劳动力资源的能力。

　　按照十六大报告提出的到 2020 年基本实现工业化的要求,新型工业化的主要战略目标包括:①人均国内生产总值达到 3000 美元。十六大报告提出的全面建设小康社会的一项重要目标,是在优化结构和提高效益的基础上,国内生产总值到 2020 年力争比 2000 年翻两番,年均增长 7.2% 左右,到 2020 年将超过 4 万亿美元(按 2000 年汇率计算),人均国内生产总值可以达到 3000 美元。②制造业增加值占总商品生产增值额的比重提高到 64% 左右,达到工业化国家该项指标 60% 以上的要求。③迅速提高国家的信息化程度,国民经济信息化水平提高到 50% 以上。④城镇化水平达到 55% 左右,从国际经验看,工业化中期阶段城镇化进程将加快。如日本在 1947—1975 年的工业化加速时期,城镇化水平由 28% 提高到 75%,28 年提高了 47 个百分点,平均每年提高 1.67 个百分点。韩国 1960—1981 年城镇化水平从 28% 提高到 56%,21 年提高了 28 个百分点,年均提高 1.33 个百分点。按照发达国家的基本规律,我国的城镇化率平均每年需要提高 1 个百分点以上。⑤随着经济发展速度、城镇化的速率及第三产业发展的加快,第一产业从业人员在全社会劳动力中的比重到 2020 年降至 35% 以下。⑥高新技术产业增加值占国内生产总值的比重达到 30% 以上,研发经费支出占国内生产总值的比重达到 1% 以上。⑦经济效益不断提高,资源占用与消耗下降,广泛推行清洁生产、文明生产方式,发展绿色产业、环保产业,加强环境和生态保护,实现可持续发展。⑧失业率控制在 5% 以内。⑨知识经济的框架体系初步建立。形成全民学习、终身学习的

学习型社会,促进人的全面发展。❶

5.1.2　新型工业化与信息化

从世界多数发达国家的工业化历史来看,一般都是在完成传统工业化后才进入信息化时代。而对于具有后发优势的中国而言,目前已经处于工业化中后期,并且具有了借助全球信息化的浪潮的优势,因此也需要充分利用全球各国的共同智慧,将信息产业提升至优先发展的战略地位,使高新技术渗透到工业、服务业中。信息化已经成为新型工业化道路的技术手段及重要标志,也是提高经济增长质量和效益的重要手段。

观察发达国家经济高速成长的历史可以发现,一些国家保持了长达十几年、二十几年甚至更长时期持续快速增长,有些国家的早期增长可能来自资源禀赋比较优势,但大部分国家的长期增长的潜力主要来自经济结构的调整转换,借助新技术对产业进行优化升级。并且从不同国家完成工业化时间长度来看,利用信息化带动工业化,可以缩短工业化时间,英国实现工业化大约用了200年,日本用了100多年,韩国只用了30多年,充分利用了世界产业结构调整机遇和新技术革命的成果。对此,中国需要在传统产业发展的基础上,优先发展信息产业,积极发展高新技术产业,并用高新技术和先进适用技术改造提升传统产业,以信息化带动工业

---

❶ 全面建设小康社会,开创中国特色社会主义事业新局面——在中国共产党第十六次全国代表大会上的报告[EB/OL]. (2008-08-01)[2016-02-26]. http://www.gov.cn/test/2008-08/01/content_1061490.htm.

化,以工业化促进信息化。从企业生产经营到政府行政管理,从社会公共服务到人民基本生活,都将成为信息化、网络化、数字化技术的运用范围。

5.1.3 新型工业化与可持续发展

许多发达国家在工业化早期阶段和快速发展阶段,都经历过掠夺性的资源开发和利用,经济增长以消耗大量资源、牺牲生态环境为代价,"先污染、后治理"成为工业化挥之不去的阴影。中国多年来的工业化发展也给资源、环境、国土等造成很大的压力。由于工业化和城市化高速推进,中国对基础金属原材料和能源消费增长较快并超出早年预期。进入 21 世纪后中国钢产量更以令人惊诧的速度扩张(见图 5-1),2000 年钢产量达到 1.27 亿吨,2010 年飙升到 6.27 亿吨,是全球钢产量的 40%,是美、德、日、俄、英五国的 1.8 倍左右。随着中国消费增长,消费占全球比重也快速提升。2001—2010 年铁矿石消费占全球比重从大约 30% 上升到 70%,铜、铝消费从 15% 左右上升到 40% 上下,石油消费从 6.3% 增长到 10.4%。中国经济体增长形成对大宗商品供求格局的影响,以铁矿石为例,巨大的钢铁需求对铁矿石进口形成巨大需求以来,铁矿石价格飙升,自然资源要素价格的上升预示着中国经济增长将受到要素投入的限制。

自然资源的总量扩张构成了中国经济持续发展的重要制约因素,但如果由此认为中国经济以粗放为特征则有失客观,必须进一步评估资源能源的利用效率。表 5-1 显示了主要国家经济与温室气体排放情况。数据显示,尽管中国的能源消费总量小于美国,但单位GDP能源消费量却位居主要国家第二,在2006年达到6.44万吨油当量/亿美元,仅次于俄罗斯。而对于二氧化碳排放数量及单位排放量指标上,中国在主要国家中都位居前列,而且单位排放量远远高于其他国家。这表明中国经济的工业化进程存在明显的能源利用低水平现象。

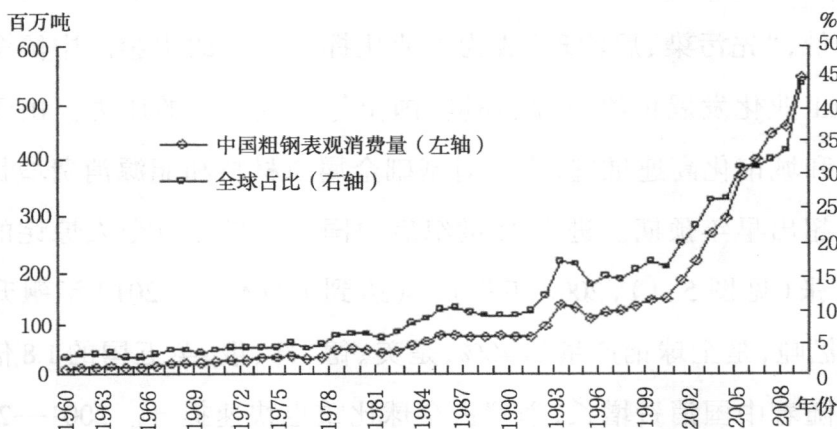

图5-1　中国历年粗钢表观消费量及其全球占比[1]

表5-1　主要国家经济与温室气体排放[2]

国家	GDP（10亿美元）	能源消费（百万吨油当量）	单位GDP能源消费(万吨油当量/亿美元)	CO_2排放（百万吨）	单位GDP的CO_2排放量(万吨CO_2/亿美元)
美国	13201.80	2340.30	1.77	5975.10	4.53

❶《中国钢铁工业年鉴》编辑委员会.中国钢铁工业年鉴[M].北京:中国冶金出版社,1996-2015.

❷ 世界银行数据库.世界主要国家资本形成总额、最终消费占GDP比重及高等教育人数比重均值[EB/OL].(2016-01-01)[2016-04-22]. http://www.econ.worldbank.org.

续表

国家	GDP（10亿美元）	能源消费（百万吨油当量）	单位GDP能源消费（万吨油当量/亿美元）	CO_2排放（百万吨）	单位GDP的CO_2排放量（万吨CO_2/亿美元）
日本	4340.10	530.50	1.22	1273.60	2.93
德国	2906.70	344.70	1.19	880.30	3.03
英国	2345.00	233.90	1.00	557.90	2.38
法国	2230.70	276.00	1.24	408.70	1.83
意大利	1844.70	185.20	1.00	448.00	2.43
加拿大	1251.50	272.00	2.17	560.40	4.48
俄罗斯	986.90	646.70	6.55	1577.70	15.99
澳大利亚	768.20	122.00	1.59	390.40	5.08
中国	2668.10	1717.20	6.44	6103.50	22.88
印度	906.3	537.30	5.93	1510.40	16.67
巴西	1068	209.50	1.96	352.50	3.30
南非	255	127.60	5.00	414.70	16.26
韩国	888	213.80	2.41	475.30	5.35
墨西哥	839.2	176.50	2.10	436.20	5.20

　　人口基数很大、资源浪费严重、环境污染厉害成为我国工业化必须解决的三大突出矛盾。为了解决宏观就业问题,中国有持续推进工业化的迫切要求,但传统经济增长模式又带来严重的环境资源破坏问题。从我国绿色GDP统计状况可以发现(见图5-2),我国绿色GDP占名义GDP的比重基本上都在35%以下,中国在工业化进程中损耗了大量环境资源,真实经济增长因此缩水了大约三分之二。因此,认真总结发达国家和中国自身工业化历史的经验教训,避免工业化陷入"边破坏、边建设"的怪圈,成为新型工业化道路必须面对的问题。可持续发展的关键在于改变资源利用方式,以人力资源

替代物质资源,以技术创新替代,注重资源节约、生态建设和环境保护,提高工业产品科技含量。

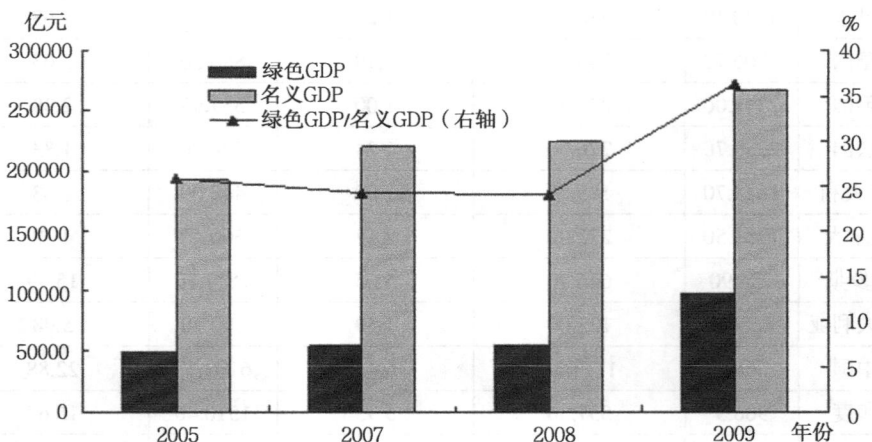

图 5-2　中国绿色 GDP 与名义 GDP❶

5.1.4　新型工业化与人力资源培养利用

早期完成工业化的国家,在其经济起飞期一般都会强调生产的机械化、自动化,重视物质资源要素的利用,因此往往产生较为明显的资本对劳动的替代,带来比较严重的失业问题;同时,劳动力资源的粗放式利用也在所难免,"重利用、轻培养"的人力资源使用方式往往产生较大的劳资矛盾。在工业化进程的大部分时期,由于我国人口基数较大,成本相对较低,因此为经济增长提供了大量廉价劳动力要素,但是丰富劳动力资源带来的"人口红利"已经逐渐消失。比较 OECD 和主要东亚国家或地区的农业劳动力比重可以发现(见

---

❶ 中国资讯行. 中等职业教育经费来源和收支状况对数值[EB/OL].(2016-01-01)[2016-04-22].http://www.infobank.cn.

图5-3），19世纪80年代，OECD国家农业劳动力占比均值在50%以上，经过一个世纪的发展逐步降低到20世纪90年代的9%，日本、中国台湾地区和韩国在第二次世界大战后凭借"后发优势"和经济追赶效应迅速完成了就业结构转型。中国21世纪的农业劳动力比重约为40%，而上述国家或地区恰好在类似的农业劳动力比重阶段开始经历技术独立、劳动密集型产业转型等重要历史转折期，依据这些经济起飞国家和地区的经验推断，中国已经进入劳动力结构变动内生要求经济发展方式转型的关键时期。

对此，中国的新型工业化进程需要把握好产业发展与人力资源利用之间的关系。一是高新技术产业和传统产业对人力资源要素的需求差异。高新技术产业能够为现代农业、工业、服务业发展和增强竞争力提供技术支撑，并且有传统产业不可比拟的优势，因此将成为中国新型工业化的重点发展产业。但是中国传统产业尤其是传统制造业，仍有广阔的国内外市场需求，安排了大量劳动力就业。在整个工业化进程中，传统产业并不是"夕阳"工业，应用高新技术和先进适用技术改造提升后，仍有很大的市场空间，还是蓬勃发展的产业。因此，在新型工业化进程中，必须正确把握好发展高新技术产业和传统产业的关系，将传统产业富集的低技能人力资源进行改造、转移和释放，使其更加适应高新技术产业的人力资源需求。这一方面能够避免传统落后产能淘汰过程中出现大规模的低技能劳动力失业；另一方面也能够保障高新技术产业所需的一线技术工人供给。二是资本、技术密集型产业和劳动密集型产业的关系。资本、技术密集型产业技术含量高、附加值高、劳动生产率高，是先进生产力的集中载体，而劳动密集型产业在吸纳农业剩余劳动力和低技能劳动力方面发挥了积极作用。从劳动力的技术分布梯度来看,不可能将所有劳动力都转换为具有与高技能的知识型员工,因此新型工业化道路需要结合资本、技术密集型产业和劳动密集型产业二者的优势,在提升产业间关联程度和产业内部有机结合的基础上,实现人力资源要素的合理分布和有效利用。

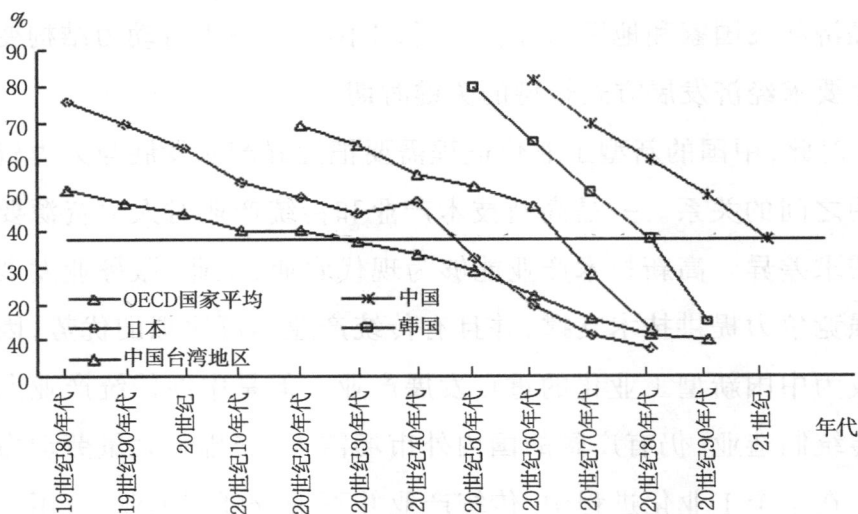

图5-3 不同国家或地区农业劳动力比重❶

对此,探索有效的人力资源投资方式,成为新型工业化人力资源需求的主要来源。不同类型教育和培训的发展,对于培养科技、管理和应用型人才至关重要。对于中国而言,实体产业中的技术型工人总量不足、储备欠缺、结构不合理等问题已经成为新型工业化发展的重大瓶颈,不仅阻碍了科技成果有效转化为现实生产力,也

❶ 国际劳工组织数据库.世界主要国家资本形成总额、最终消费占GDP比重及高等教育人数比重均值[EB/OL].(2016-01-01)[2016-04-22].http://www.ilo.org.

制约了传统产业技术改造和发明创新,中国的产业结构提升必须培养更多的"大国工匠"。

5.1.5　新型工业化与服务业发展

世界多数国家在工业化进程中都遇到过资金、劳动力、资源、技术、市场等瓶颈问题,因此,以国家力量推动的工业化往往在某些阶段实行过倾斜性的工业化战略。新中国成立后近30年的工业化以物质资源密集型重工业为主导,通过严格限制农业剩余劳动力转移和压低农产品相对价格为工业化提供发展环境,服务业发展滞后,但之后的发展表明,由于部门和城乡间发展不均衡导致经济结构失衡,导致片面的工业化途径存在众多隐忧。新型工业化道路与传统工业化道路一个显著不同是,在农业、工业、服务业三次产业的协调发展中来完成工业化任务,不是孤立地推进工业化,而是形成以高新技术产业为先导、制造业为支撑、服务业全面发展的产业格局,积极全面地发展服务业。加快现代服务业发展是新型工业化道路与传统工业化的重大区别。

世界经济发展表明,服务业增加值占GDP的比重是一个国家或地区衡量现代化程度的重要标志。振兴制造业是发展服务业的基础,大量的制造业产品带动了物流、资金流、信息流,促进商品物资流通业、交通运输通信业、金融保险业、信息服务业的蓬勃发展;同时,生产性服务业、配送性服务业、个人和社会服务业的繁荣有助于制造业的进一步扩张和升级,一方面是因为服务业发展带动了劳动就业,收入增加带来消费能力提升,从而有利于扩大内需,拉动了制造业的快速增长;另一方面则是由于生产性服务业、配送性服务业等与制造业融资、管理、生产、流通密切联系的服务业本身有助于消除工业化发展的各种资本、劳动、资源要素瓶颈，降低生产流通的交易成本、因此也会有效地推动工业化进程。新型工业化的重点之一就是要充分认识到工业与服务业相辅相成、相互促进的关系，扩大服务业增加值比重，提高服务业发展质量，促进两者形成良性互动。

5.1.6　新型工业化与全球化

随着全球化进程的持续推进，开放经济体的工业化已经不可能脱离全球产业环境而孤立地开展，织就这一产业网的主体包括跨国公司、政府合作、国际贸易和国际投资等，并且成为一国新型工业化的重要推动力量。

第一，新型工业化往往离不开跨国公司的全球布局，为寻求更大利润空间，跨国公司通常会向具有"比较优势"的地方进行产业转移，以扩张并购或建立分支企业的方式扩大产业覆盖地区，制造业仍然是转移的重点行业，这对于中国有选择的承接先进技术是非常好的机遇，因此需要大量具有一定知识积累的劳动者学习和掌握这类转移技术，并为我所用；同时，随着资本积累水平的提升和国力的增强，中国的跨国公司开始在全球舞台上崭露头角，这就需要大量具有管理能力、技术知识的国际型人才发挥作用。第二，外向型经济发展的国家战略成为新型工业化发展的重要契机，日本、韩国、中国台湾地区等国家和地区在其工业化进程中，借助全球化的机遇使得其产业扩张和结构升级顺利推进，有效避免了产业发展空间不足和工业产能过剩的问题。这些问题在中国工业化中后期也十分突出，因此借鉴这些国家的发展战略，为新型工业化开拓发展空间，成为中国未来产业发展的重要任务。2013 年,习近平主席提出了构建丝绸之路经济带和 21 世纪海上丝绸之路的"一带一路"战略,预示中国产业分工合作范围将进一步拓展至亚欧等大多数地区,对劳动力资源的地区和国际优化配置提出了全新的挑战。最后,国际贸易总额和贸易地区范围的不断扩大为新型工业化提供了外部拉动力量。市场需求是一国工业化的重要驱动力,对于开放具体而言,需求不仅来自国内,也来自国外,并且随着国际化程度的加深,外部需求对开放部门产业的影响将越来越大。2008 年金融危机以来,中国工业逆势增长,跃居世界第一制造业大国地位,工业品出口总额持续增长,但是,观察中国国际贸易的状况可以发现,我国大部分出口产品仍然处在产业链的低端。从 2009 年高技术产品出口中各种贸易方式所占比重的情况来看(见表 5-2),一般贸易只占高技术出口的 13.67%,加工贸易占有主要地位,比重达到 81.46%。我国高技术出口当中绝大多数是加工贸易,处于全球生产价值链的最低端,产业收益率低下。以国际分工体系最为活跃的电子产品生产为例,生产高附加值芯片、软件的美国获得了全世界电子行业 60% 左右的利润,生产关键性电子器件的日本、韩国等国家获得了世界电子行业 20% 左右的利润,而中国从事一般部件生产及装配工作,只能获得 10% 左右[1]。此外,工人技能的缺乏也导致了制造业贸易产品质量问题频出,每年由于产品质量不过关导致的贸易纠纷很多,由此造成的经济损失也非常巨大。

---

[1] 陈继勇,周琪.中美高技术产品贸易失衡问题研究[J].湖北大学学报,2010(3):36-40.

表 5-2　中国按贸易方式分高技术产品进出口贸易统计❶

项目	出口贸易额(百万美元)	占出口贸易总额的比重(%)
合计	376931	100
一般贸易	51527	13.67
加工贸易	307049	81.46
其中:来料加工装配贸易	34304	9.10
进料加工贸易	272744	72.36
边境小额贸易	256	0.07
对外承包工程出口货物	757	0.20
保税仓库进出境货物	7331	1.94
保税区仓储转口货物	9893	2.62
其他	50	0.01

5.2　新型工业化要求职业教育作用升级

　　从 2002 年党的十六大部署新型工业化道路战略至今,中国新时期的工业化进程已稳步推进十余年,职业教育作为与工业化人才培养关系最为密切的教育类型,在这一时期也步入发展快轨。以 2002 年《国务院关于大力推进职业教育改革与发展的决定》为改革标志,职业教育近 10 年来得到了长足的发展,为工业化、信息化和产业结构升级提供了大量的实用技能型人才。然而,职业教育在新型工业化进程中是否充分发挥了劳动力资源优化配置作用? 职业人才的总量、结构和质量是否能够真正满足新型工业化的多维需求? 这些问题的回答有赖于对中国职业教育和新型工业化关系的客观评估。2012 年党的十八大明确提出 2020 年基本实

---

❶ 国家统计局,科学技术部. 中国科技统计年鉴[M].北京:中国统计出版社,2010.

现工业化的目标之后,对于当前乃至"十三五"时期如何推动职业教育体系建设,使之更适应新型工业化的要求,成为更加迫切的研究课题。

5.2.1   职业教育总量配置规律改变

职业教育对于劳动力资源的优化配置作用主要体现在数量结构和质量素质两个方面,在不同的工业化时期,由于市场对劳动力的需求规模、结构分布和技能知识存在不同的要求,职业教育的劳动力资源优化配置作用经常处于动态变化过程之中。这种作用不仅体现在通常意义的工业化阶段性差异上,当新型工业化理念替代传统工业化的阶段性概念之后,职业教育的劳动力资源优化配置作用也将被重塑。

各国工业化时间和历程有较大差别,但职业教育总量规模一般都会适应工业化进程,然而,新型工业化却可能打破这一规律。以德国为例,德国从 18 世纪末开始经历了以机械化、流水线生产和自动化为标志的三次工业革命,职业教育总规模在工业化后期出现调整收缩,但从 20 世纪中期开始,却又出现了显著的反弹[1],制造业生产日益依赖技术工人、专业技术人员和高端研发人员,传统蓝领和白领的界限更加模糊。职业教育的再扩张趋势与德国的新型工业化进程密切相关,随着第四次工业革命的到来,工艺与信息技术融合、产品个性化及生产人性化要求更多的人力资源投入与车间直接

---

[1] 张原,陈建奇.工业化进程中的职业教育体系发展的国际经验及对中国的启示[J].中国职业技术教育,2012(9):17-25.

生产相关联的新型生产模式中,产品制造与顾客、业务伙伴的紧密结合也要求服务业的职业人才规模增长,合理的职业教育总量配置为新型工业化战略提供了坚实的人才基础。中国目前已经进入传统意义上的工业化中后期,并且将在2020年基本实现工业化,但新型工业化进程却远未结束,职业人才的需求总量也会呈现不降反升的趋势。

总量配置阶段性规律的改变还源于新型工业化的全球化特征。与20世纪或更早期完成工业化的国家相比,新型工业化所面临的外部环境更为开放,开放经济体的工业化进程会深度融入全球产业分工体系之中,一国可能由于承接全球产业链的一些主要环节而使得其职业教育人才需求旺盛,即使在本国工业化后期也要求职业教育体系提供足够数量的技能型劳动力,以满足外向型经济的发展要求,特别是对于处在全球产业链中下游的发展中国家而言,实现产业结构升级不可能一蹴而就,在相当长的历史时期中仍然需要产业工人发挥基础性比较优势,因此职业教育总量配置的下行趋势会明显推迟。

5.2.2　职业教育结构性配置重要性上升

与传统工业化进程中工业增长一枝独秀的非均衡发展模式不同,新型工业化不仅是工业总量增长,更重要的是产业结构协调发展、人力资源优势充分发挥、区域产业布局合理化。从发达国家工业化和职业教育发展历史来看,一国的职业教育和第二产业就业规模之间存在高度的相关性,但是职业教育对其他产业的劳动力资源配置作用却一直未得到充分研究,尤其是随着第三产业内部构成的多样化、制造业服务化和信息化趋势显现,职业教育专业分科体系如何与之相适应成为其资源配置作用有效发挥的关键。

从职业结构来看,新型工业化要充分发挥人力资源优势,兼顾劳动力市场充分就业问题,就要求职业教育的资源配置作用具有更多的人文含义。随着职业分类的细化,劳动者从事某种特定职业需要掌握更深的专业知识技能,职业转换也有赖于更多的人力资本投资;职业岗位又常与个人的社会地位及更深层次的社会心理相联系,因而入行和转岗都会具有较大的"黏性",劳动力的职业结构调整往往滞后于其他物质资本要素,如果职业教育无法有效降低这种滞后性,很可能会阻碍产业结构的转型升级。

从地区结构来看,区域间产业的协调分工和区域内产业集群的高、精、尖发展是大国实现新型工业化的重要途径,职业教育资源的区域分布和职业人才的地区间流动应能够有效推动区域产业布局的合理化。中国自改革开放以来相继推动了东部沿海开放、西部大开发、振兴东北等老工业基地和中部地区崛起战略,为新型工业化构建了基础产业布局结构。这些战略的有效实施均离不开相应地区职业教育资源的配套发展和职业人才的合理流动。2013年我国又提出了建设丝绸之路经济带和21世纪海上丝绸之路的"一带一路"发展战略,区域产业分工合作突破国界范围,拓展至亚太地区,这对职业教育的地区劳动力资源优化配置又提出了新的挑战。

5.2.3　职业教育质量与新型工业化的多维要求相契合

　　新型工业化不仅注重增长速度和结构转型,更着力提升产业创新、安全、协调、效率和竞争力等发展质量指标,这都要求职业教育人才素质与之耦合。产业创新需要建立在分工深化的基础上,因此职业教育人才需具备专业技能之上的知识原创能力,创新不能仅停留在工作场所和操作技术层面,也需要与实验室创新相结合,触及产业创新前沿。产业相互协调表现为关联度提升,工业和服务业结合、传统行业与信息化生产服务方式结合、物联网意义上的产业集群联动性提升等,这都要求职业教育人才具备更高的通识性和更完整的跨专业知识技能储备。从产业安全角度考虑,大国保持产业完整性要求职业教育的服务对象多元化和教育层次完整化同步推进,满足不同阶层劳动群体和传统、新兴产业的差别化需要。新型工业化着力推动高效节约型生产模式,职业教育专业和课程设置需要顺应集约化生产的趋势,提高劳动者对"清洁生产""柔性生产"和"低能耗生产"模式的适应能力。高质量的新型工业化应能从容应对全球产业竞争格局的变化,因而职业教育人才培养需要具备更广的全球化视野。

5.3　职业教育总量和结构与新型工业化的非适应性

　　新型工业化对职业教育的劳动力资源优化配置作用提出了更高的要求,然而中国的新型工业化的发展道路还处在探索过程中,职业教育体系也远未成熟,从十余年职业教育的人才培养数量结构和质量素质来看,还存在无法与新型工业化相适应的问题。

5.3.1　规模总量的非适应性

职业教育劳动力供给能否满足劳动力市场的需求总量,可以通过求人倍率,也就是需求与供给的比例得到反映。2001—2014年,职高、技校、中专学历劳动者的求人倍率呈现逐年攀升的态势(见图 5-4)。从 2011 年开始几乎都保持在超过 1 的水平,除了硕士学历的劳动者之外,这种供不应求的状况在其他教育类型中较为少见,这表明劳动力市场上存在明显的中等职业教育劳动力总量不足现象。从高等教育来看,专科和本科学历劳动者的求人倍率均小于 1,在 2008 年金融危机之前,两者走势较为接近,此后受到金融危机的影响,需求不足导致求人倍率明显下降。但从 2009年之后的回升状况来看,专科学历劳动者的求人倍率增长状况明显高于本科学历劳动者,这表明尽管两类劳动者均处于供大于求的状态,但专科职业教育劳动者具有更高的市场适应能力,因此应有更广的发展空间。发达国家和地区的职业教育发展经验也表明,高等职业教育一般会在工业化中期形成较大规模,并且在工业化中后期逐步替代中等职业教育成为职业教育主流。因此,综合来看,在中国工业化中后期和新型工业化的过程中,职业教育的总量规模仍需适当扩大。

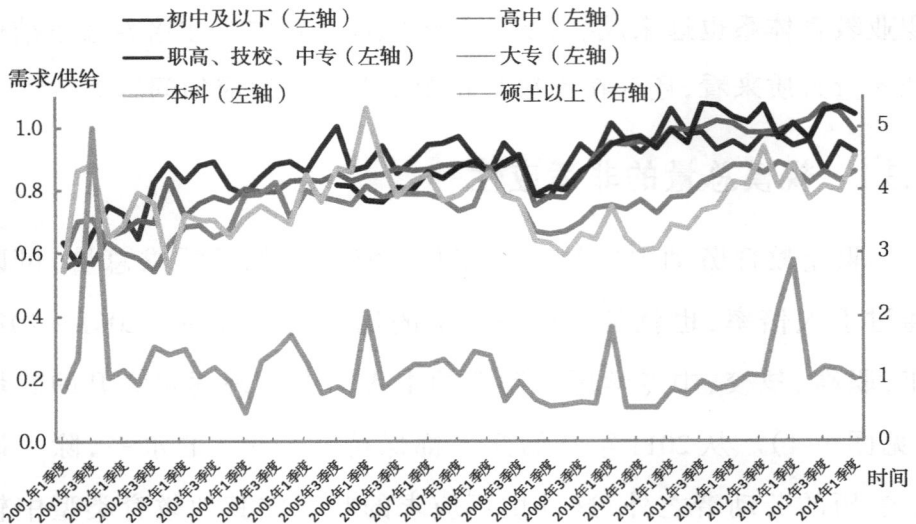

图5-4　分教育类型求人倍率[1][2]

5.3.2　产业结构的非适应性

与供需总量分析相比,职业教育的产业结构适应性分析要复杂得多,因此需要构建一个能反映产业劳动力需求与职业教育专业分科培养关系的结构偏离度指数,其基本构成是

$$\text{DEV} = \left(D_i / \sum_{i=1}^{n} D_i \right) / \left(S_j / \sum_{j=1}^{m} S_j \right) - 1$$

其中,DEV 表示职业教育与行业需求的结构偏离度指数;D_i 是产业 i 的劳动力需求,经济体中共有 n 类产业,S_j 是职业教育专业 j 的学生培养数量,反映劳动力市场中的新增职业劳动力供结构,职业教育中有 m 种专业分科类型,由于 i 和 j 存在着一定的对应关系

---

[1] 中国人力资源市场信息监测中心.全国职业供求分析报告[R/OL]. (2015-01-01) [2016-04-22]. http://www.chinajob.gov.cn/DataAnalysis/node_1738.htm.

[2] 中华人民共和国教育部发展规划司.中国教育统计年鉴[M].北京:人民教育出版社,2001-2004.

关系来判断职业教育专业培养结构与产业需求之间的匹配性。一般而言，$DEV>0$意味着这类产业的劳动力需求比重大于相应专业的职业劳动力供给比重，存在结构性不足，因此需要增加该专业的职业人才比重，扩大相应的教育培养规模；如果$DEV<0$，则存在结构性过剩，应该降低该专业的职业人才比重。

依据2001—2013年《中国教育统计年鉴》提供的学生分科类统计数据及《全国职业供求分析报告》的分行业劳动力需求数据，计算结构偏离度指数（见表5-3、表5-4）。可以发现，第一产业存在比较明显的结构性过剩，第二产业则存在比较明显的结构性不足（见图5-5）。

表5-3　职业教育与三次产业劳动力需求结构偏离度[1]

年　份	第　一产　业	第　二产　业	第　三产　业	年　份	第　一产　业	第　二产　业	第　三产　业
2001	−0.78	0.61	−0.05	2008	−0.32	0.38	−0.13
2002	−0.73	0.70	−0.08	2009	−0.40	0.32	−0.12
2003	−0.68	1.00	−0.15	2010	−0.62	0.22	−0.06
2004	−0.58	1.24	−0.19	2011	−0.73	0.40	−0.10
2005	−0.58	0.90	−0.16	2012	−0.84	0.73	−0.13
2006	−0.48	0.58	−0.13	2013	−0.88	0.84	−0.10
2007	−0.42	0.46	−0.14				

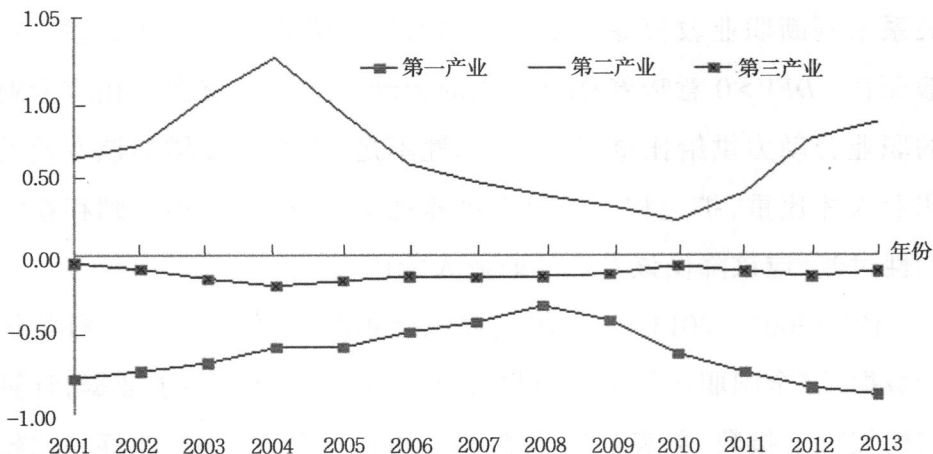

图5-5　职业教育与三次产业劳动力需求结构偏离度❶

表5-4　职业教育与不同行业劳动力需求结构偏离度❷

年份	农林类	资源与环境类	能源类	土木水利工程类	加工制造类	交通运输类	信息技术类	医药卫生类	商贸与旅游类	财经类	文化艺术与体育类	社会公共事务类	师范类
2001	-0.86	-0.05	0.62	0.46	1.00	0.65		-0.80	4.54	-0.64		-0.86	
2002	-0.72	0.02	1.06	0.39	1.27	0.69		-0.85	4.08	-0.64		-0.82	
2003	-0.65	0.43	1.50	0.50	1.89	0.78		-0.85	4.03	-0.55		-0.83	-0.82
2004	-0.55	1.12	2.07	1.13	1.86	1.12		-0.88	3.36	-0.53		-0.87	-0.84
2005	-0.54	1.92	1.82	1.26	1.14	0.62	-0.88	-0.89	3.31	-0.60	-0.74	-0.87	-0.86
2006	-0.44	2.20	1.40	1.33	0.58	0.12	-0.87	-0.90	3.59	-0.69	-0.71	-0.84	-0.83
2007	-0.40	1.19	0.97	1.32	0.45	0.03	-0.88	-0.89	3.66	-0.70	-0.70	-0.81	-0.80
2008	-0.28	1.30	0.87	1.00	0.41	-0.09	-0.87	-0.89	3.69	-0.71	-0.68	-0.79	-0.79

❶ 中国人力资源市场信息监测中心.全国职业供求分析报告[R/OL]. (2015-01-01) [2016-04-22]. http://www.chinajob.gov.cn/DataAnalysis/node_1738.htm.

❷ 中国人力资源市场信息监测中心.全国职业供求分析报告[R/OL]. (2015-01-01) [2016-04-22]. http://www.chinajob.gov.cn/DataAnalysis/node_1738.htm.

年份	农林类	资源与环境类	能源类	土木水利工程类	加工制造类	交通运输类	信息技术类	医药卫生类	商贸与旅游类	财经类	文化艺术与体育类	社会公共事务类	师范类
2009	-0.38	0.74	0.74	0.77	0.39	-0.24	-0.88	-0.88	3.73	-0.69	-0.69	-0.80	-0.79
2010	-0.58	0.45	1.17	0.85	0.29	-0.37	-0.87	-0.89	4.24	-0.72	-0.70	-0.80	-0.75
2011	-0.71	0.68	1.41	0.80	0.49	-0.48	-0.87	-0.91	3.93	-0.77	-0.69	-0.76	-0.76
2012	-0.82	0.84	1.61	0.85	0.97	-0.59	-0.84	-0.92	3.45	-0.78	-0.67	-0.78	-0.83
2013	-0.87	0.71	1.93	0.69	1.10	-0.57	-0.83	-0.92	3.56	-0.75	-0.69	-0.77	-0.79

从职业教育的整体来看,商贸与旅游类、能源类、加工制造类、资源与环境类、土木水利工程类的职业教育人才存在结构性不足,而农林类、交通运输类、财经类、信息技术类、文化艺术与体育类、社会公共事务类、医药卫生类、师范类的职业教育人才则存在结构性过剩(见图5-6)。

同时,中等职业教育与高等职业教育的结构性问题表现有所差别,高等职业教育的能源类、资源与环境类、土木水利工程类职业劳动力供给状况并未表现出明显的结构性不足(见表5-5)。从新型工业化的基本取向来看,在巩固制造业的基础之上,推动生产性服务业,资源能源节约型产业的发展也是十分重要的趋势,目前职业教育对于这方面人才的供给仍然存在不足,而在金融财经、公共管理、教育医疗等与高学历人才和学术型人才相比竞争优势较低的行业,职业教育应考虑适当下调相应专业的培养规模。

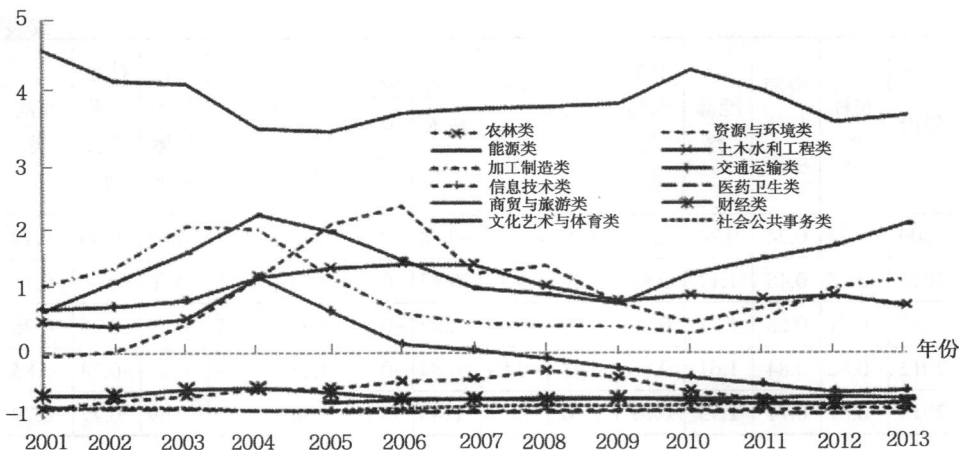

图5-6　职业教育与行业需求结构偏离度[1]

表5-5　按教育层次分职业教育与行业需求结构偏离度[2][3]

教育属性	中等职业教育				高等职业教育				整体职业教育			
年份	2011	2012	2013	均值	2011	2012	2013	均值	2011	2012	2013	均值
第一产业	−0.73	−0.84	−0.88	−0.82	−0.33	−0.36	−0.05	−0.05	−0.62	−0.74	−0.80	−0.72
第二产业	0.40	0.73	0.84	0.66	0.91	0.95	0.74	0.74	0.61	0.83	0.80	0.75
第三产业	−0.10	−0.13	−0.10	−0.11	−0.23	−0.25	−0.24	−0.24	−0.17	−0.19	−0.17	−0.18

---

❶ 中国人力资源市场信息监测中心.全国职业供求分析报告[R/OL]. (2015-01-01)[2016-04-22]. http://www.chinajob.gov.cn/DataAnalysis/node_1738.htm.

❷ 中国人力资源市场信息监测中心.全国职业供求分析报告[R/OL]. (2015-01-01)[2016-04-22]. http://www.chinajob.gov.cn/DataAnalysis/node_1738.htm.

❸ 中华人民共和国教育部发展规划司.中国教育统计年鉴[M].北京:人民教育出版社,2001-2004.

续表

教育属性	中等职业教育				高等职业教育				整体职业教育			
年份	2011	2012	2013	均值	2011	2012	2013	均值	2011	2012	2013	均值
农林类	−0.71	−0.82	−0.87	−0.80	−0.33	−0.36	−0.05	−0.05	−0.62	−0.74	−0.80	−0.72
资源与环境类	0.68	0.84	0.71	0.74	0.21	−0.01	−0.12	−0.12	0.58	0.46	0.38	0.47
能源类	1.41	1.61	1.93	1.65	0.14	0.05	−0.04	−0.04	0.50	0.46	0.49	0.49
土木水利工程类	0.80	0.85	0.69	0.78	−0.36	−0.30	−0.36	−0.34	−0.08	−0.11	−0.16	0.12
加工制造类	0.49	0.97	1.10	0.86	1.08	1.27	1.07	1.07	0.64	0.97	0.98	0.87
交通运输类	−0.48	−0.59	−0.57	−0.55	−0.30	−0.40	−0.44	−0.44	−0.44	−0.55	−0.55	−0.51
信息技术类	−0.87	−0.84	−0.83	−0.85	−0.73	−0.70	−0.70	−0.70	−0.83	−0.81	−0.80	−0.82
医药卫生类	−0.91	−0.92	−0.92	−0.91	−0.91	−0.92	−0.93	−0.93	−0.91	−0.92	−0.93	−0.92
商贸与旅游类	3.93	3.45	3.56	3.65	10.80	9.44	8.18	8.18	4.20	3.56	3.35	3.71
财经类	−0.77	−0.78	−0.75	−0.77	−0.55	−0.60	−0.53	−0.53	−0.29	−0.36	−0.22	−0.29
文化艺术与体育类	−0.69	−0.67	−0.69	−0.68	−0.85	−0.84	−0.85	−0.85	−0.80	−0.79	−0.80	−0.80
社会公共事务类	−0.76	−0.78	−0.77	−0.77	−0.93	−0.93	−0.87	−0.87	−0.89	−0.88	−0.83	−0.87
师范类	−0.76	−0.83	−0.79	−0.80	−0.81	−0.83	−0.80	−0.80	−0.80	−0.84	−0.81	−0.82

　　随着产业分工的深化和产业联动性的提升,深化产教融合成为有效培养职业人才的必经之路。对于职业教育产业结构的非适

性,职业院校一方面仍需坚持校企合作、工学结合的发展思路,通过与行业领军企业共建研发中心、实验实训平台等方式来提升院校职业教育的社会适应性;另一方面,大型企业集团、特色企业或行业协会需成为"现代学徒制"建设主体,通过对接职工教育、在岗培训和顶岗实习等方式提升职业教育的产业适应性。

5.3.3 职业结构的非适应性

职业结构方面的结构性矛盾也说明了类似的问题。从职业大类来看,从 2003 年开始,商业和服务业人员、生产运输设备操作工的需求持续超过供给,2013—2014 年两者求人倍率的高峰值分别达到了 1.34 和 1.30;而办事人员和有关人员、单位负责人职位则明显供大于求(见图 5-7)。对于前两类职业,由于其中的大量岗位具有实用技能操作性,因此需要更多的职业教育劳动力加以填补,而职业教育人才在后两类职业中并不具有竞争优势。不同职业求人倍率分化的趋势进一步印证了职业教育的结构性问题,加工制造、商贸服务类专业应有适当的扩张,而事务管理类专业规模需要减少。

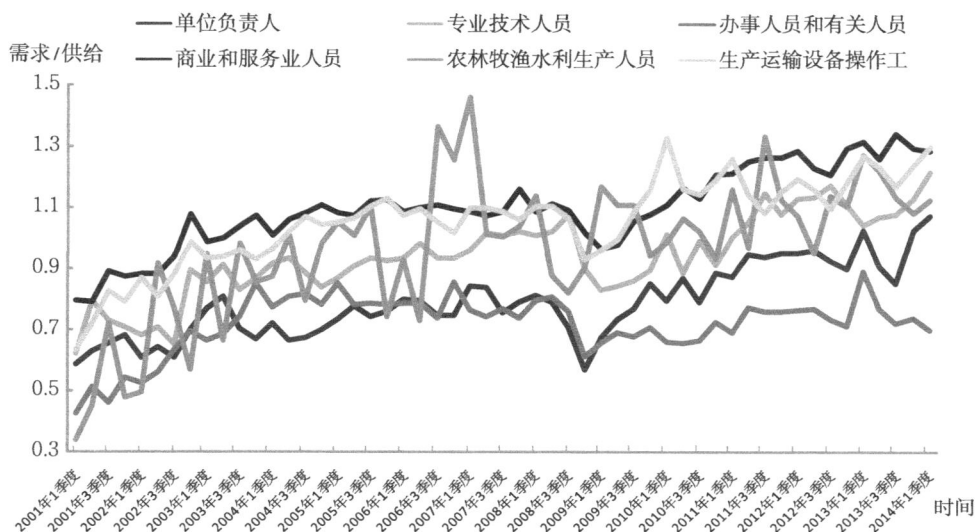

图5-7 分职业类型求人倍率❶

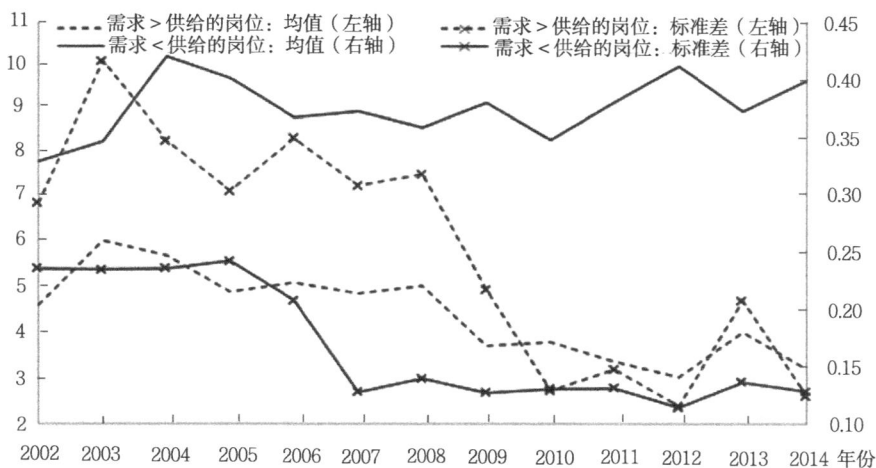

图5-8 不同岗位求人倍率均值和标准差走势❷

---

❶ 中国人力资源市场信息监测中心.全国职业供求分析报告[R/OL]. (2015-01-01)
[2016-04-22]. http://www.chinajob.gov.cn/DataAnalysis/node_1738.htm.

❷ 中国人力资源市场信息监测中心.全国职业供求分析报告[R/OL]. (2015-01-01)
[2016-04-22]. http://www.chinajob.gov.cn/DataAnalysis/node_1738.htm.

从细分职业类型来看(见图 5-8),从 2001 年到 2014 年,对于存在劳动力不足的岗位而言,其求人倍率已经从最高峰时期的 6.08 逐年下降到 3.23,劳动力供给不足的状况已经得到明显的改善;对于存在劳动力过剩的岗位而言,其求人倍率均值一直保持在 0.3~0.50 左右,部分低技能劳动力的职业能力欠缺,不能适应岗位需求,结构性过剩无法有效解决。这一走势意味着最佳职业人口供给模式是在不增加劳动力市场结构性过剩的情况下填补职业空缺,因此就对每年新增劳动力的职业教育适应性提出了更高的要求,职业教育专业设置和毕业生规模都需要适应市场需求。劳动力不足和过剩的岗位求人倍率标准差都呈现逐年下降态势,表明通过岗位间存量再配置解决劳动力结构性过剩和短缺现象存在一定的成效,但随着时间的推移,这一方式的作用空间在逐步收窄,因此必须更多地提升存量劳动力的职业能力和职业适应性,将对于部分岗位而言的过剩劳动力转换为对于其他岗位而言急需的劳动力,因而职业教育和职业培训终身化势在必行。

5.3.4　地区结构的非适应性

从地区结构来看,自 2001 年以来,随着劳动年龄人口的总量下降,不同地区劳动力市场求人倍率都出现明显的上升趋势,"技工荒"现象更是呈现从点到面的发展态势❶。从 2010 年开始,地区劳动力求人倍率一直保持在 1 以上,并且区域间差异逐渐降低,基本呈现稳定状况(见表 5-6),这意味着劳动力供给相对不足的状况已

---

❶ 张原,陈凌,陈建奇."民工荒"与"技工荒"并存的理论解释及证据——基于投资结构与就业均衡视角的研究[J].财经研究,2008(4):117-126.

渐常态化,并且较难通过大规模的区域间劳动力流动来改变。

表5-6　不同地区求人倍率均值和标准差走势[1]

年份	2001	2002	2003	2004	2005	2006	2007	2008	2009	2010	2011	2012	2013	2014
均值	0.64	0.60	0.91	0.94	0.99	0.99	0.97	0.98	0.90	0.99	1.12	1.12	1.19	1.12
标准差	0.21	0.17	0.41	0.42	0.42	0.37	0.22	0.20	0.17	0.16	0.32	0.25	0.31	0.25
最小值	0.25	0.25	0.37	0.54	0.44	0.49	0.49	0.61	0.54	0.78	0.79	0.80	0.79	0.77
最大值	1.06	1.03	2.19	2.68	2.75	2.59	1.68	1.39	1.32	1.42	2.52	2.26	2.19	1.76

在这样一种"新常态"之下,地区间劳动力结构的改善将更多依赖于职业教育的区域劳动力资源配置能力。在新型工业化进程中,我国各地的发展基础和进程不一,职业人才培养的经验和教育资源也不尽相同。以中等职业教育为例,职业教育培养学生的地区分布差异性较大,河南、河北与广东的职业教育规模较大,三者加总约占到了全国的1/4,但其职业教育劳动力的需求却并不是最多的,生产运输设备操作工职位空缺最为明显的省市为重庆、上海和福建,商业和服务业人员职位空缺最多的是四川、天津和北京(见图5-9)。

从经济区域的情况来看,中部和西部地区职业教育供给与需求不匹配的情况较为显著,并且两类地区基本呈现相反的情况;"一带一路"战略所涉及的东部省市和西南省市职业教育比重与岗位空缺不匹配的情况也比较明显;吉林、辽宁等东北工业基地的职业教育学生培养规模近十年来均处在较低水平,与振兴老工业基地和装备制造业的发展战略存在一定的差距,长江三角洲地区则需关注生产

---

[1] 中国人力资源市场信息监测中心.全国职业供求分析报告[R/OL]. (2015-01-01) [2016-04-22]. http://www.chinajob.gov.cn/DataAnalysis/node_1738.htm.

运输设备操作工岗位的职业人才供给（见图5-10）。

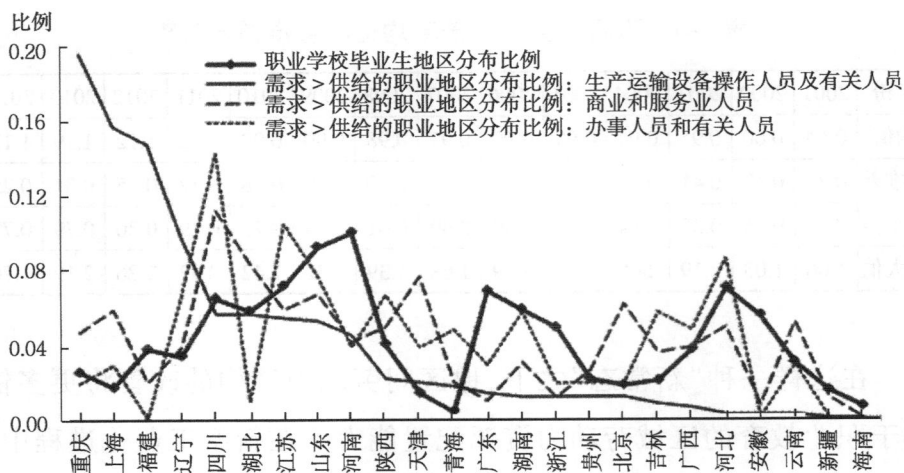

图5-9　职业教育和空缺职位在各省的分布[1]

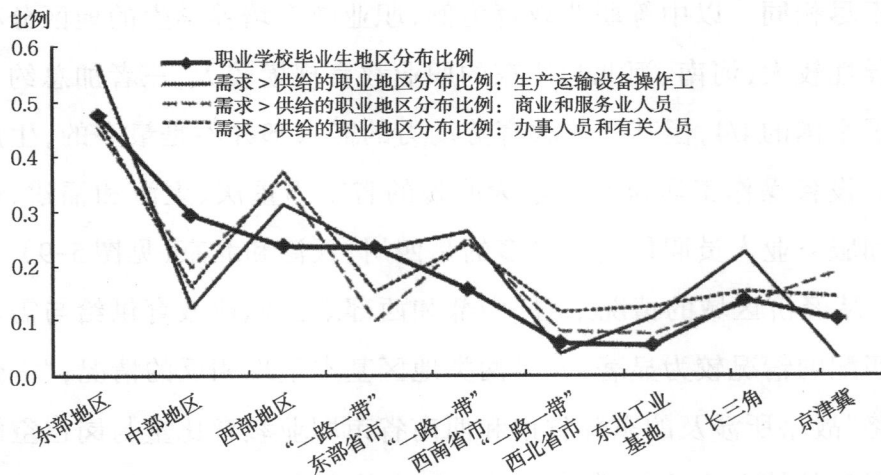

图5-10　职业教育和空缺职位在各经济地域的分布[2]

---

❶ 中国人力资源市场信息监测中心.全国职业供求分析报告[R/OL]. (2015-01-01)

[2016-04-22]. http://www.chinajob.gov.cn/DataAnalysis/node_1738.htm.

❷ 中国人力资源市场信息监测中心.全国职业供求分析报告[R/OL]. (2015-01-01)

[2016-04-22]. http://www.chinajob.gov.cn/DataAnalysis/node_1738.htm.

对于职业教育的结构性问题,需要从多方面着手加以解决。首先,层次完整的职业教育体系不仅要普及中等职业教育,也要构建产学研结合的高等职业教育,引导部分普通本科学校向应用技术类型高校转型,培养以职业需求为导向的专业学位研究生。其次,不仅要关注院校式的学历教育,更需要推广服务基层、农村和就业弱势群体的职业培训和继续教育,构建终身学习模式,打通职业教育人才的多样化成长渠道。最后,除了关注职业教育纵向结构的合理化之外,还需充分考虑职业教育的横向布局优化,以城乡特色、区域经济和产业集群优势为依托,合理规划职业教育的地区分布模式,发挥职业教育资源互补优势,降低职业技术人才的流动障碍。

5.4　职业教育质量与新型工业化的非适应性

5.4.1　产业创新深化要求职业人才精细化

进入新型工业化阶段后,我国经济的一个明显特征就是增长速度放缓,2014 年中国 GDP 增长率为 7.4%,达到了近 24 年来的新低,在经济增长更多依靠生产率提升的新形势下,发展质量成为新型工业化的核心要义。质量指标内涵多样,产业创新、安全、协调、效率和竞争力等都是其中的重要维度。

产业分工的深化是提升科学技术含量、增强自主创新的关键。职业院校以培养学生的实际操作能力为主,其创新主要表现为技术层面,比如技术改造和技术革新,并不强调更深层次的理论创新。但是随着产业创新前沿的不断推进,单纯的新技术消化吸收已经不足以支撑产业升级的要求,职业教育人才的创新应该从传统的工作场所创新为主,转向工作场所创新和实验室创新相结合的模式,专业化和精细化程度更高的职业技术人才需成为创新主体,高等职业教育院校和优势企业研发部门则是这类创新的机构载体。

20世纪50年代以来,美国等发达国家的职业技术人才中,专业性的高级技术人员,即有自主创新能力的高级技师等,基本稳定在20%左右,实用技术性的人才(中等技术工人)保持在65%左右,初级工人则为15%[1]。精细化的职业人才结构为产业内分工深化及由此而来的产业创新提供了人才基础。但从我国的状况来看,从2001年到2014年,拥有职业资格的劳动力供给中,初级技能者一直保持在50%~60%,中高级技能者在30%~40%,而技师和高级技师的比重则仅占6%左右,职业技术人才的精细化和高端化结构提升缓慢,不利于原创性发明和前沿技术革新的产生。

5.4.2　大国产业发展体系的完整性要求职业人才层次化

产业分工深的趋势并未改变世界主要经济体保持各自相对完整工业体系的事实,尤其是2008年金融危机之后,防止制造业空心化和产业结构单一化成为许多大国的发展战略,因为这不仅关系到国家的产业安全,也关系到一国就业总量和结构合理化的需要。

高端产业发展要求职业教育向高层次提升,从我国职业技术等级求人倍率状况也可以发现,从2002年开始,我国技师和高级技师长期供不应求,在2007年高峰时期,高级技师的求人倍率高达2.9,

---

[1] 梁国胜,李波.职业学校能否承担技术创新的重任[N].中国青年报,2006-08-01(006).

高级技能劳动力的情况相对缓和,但仍然处于不足状态,中级和初级技能劳动力基本能满足市场需求(见图5-11)。我国职业院校培养的毕业生中,获得职业资格证书的比重已经从2003年的46.3%增长到2013年的62.9%,但大部分新增职业劳动力的技能水平处在初、中级阶段,如果没有持续跟进终身式的职业教育或更深入的在职培训,提升职业技术层次的过程将会相当缓慢。而高端技术人才的长期缺位不仅会制约前沿性产业当前的竞争力,也会阻碍产业储备技术的可持续发展。

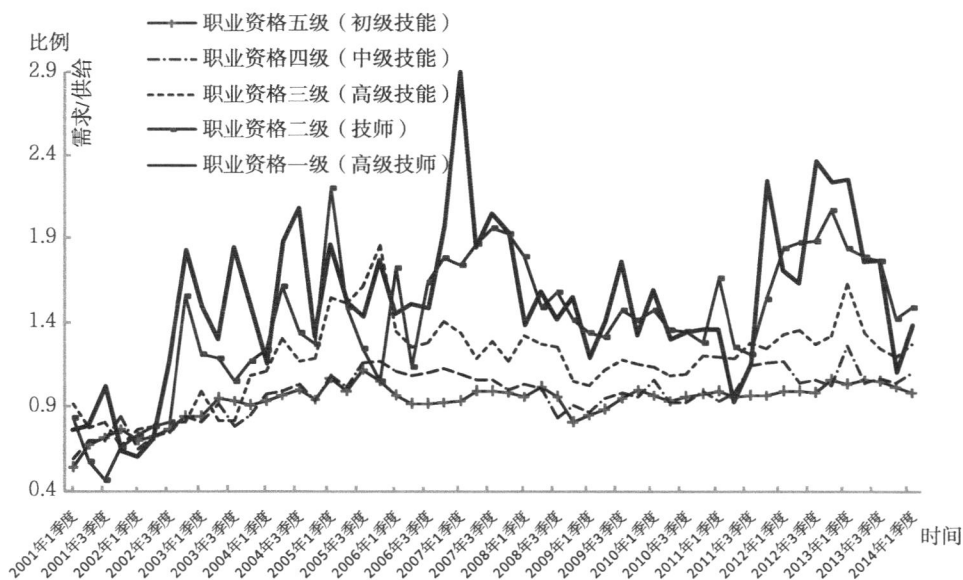

图5-11 分职业资格类型求人倍率[1]

低端产业和低技能劳动力的长期存在,则要求加快推进中等职

---

[1] 中国人力资源市场信息监测中心.全国职业供求分析报告[R/OL]. (2015-01-01) [2016-04-22]. http://www.chinajob.gov.cn/DataAnalysis/node_1738.htm.

业教育普及化。劳动密集型产业在我国工业化和外向型经济中曾经发挥了重要的比较优势,并且未来这种优势并不会迅速消失。从劳动力市场供给状况来看,新成长失业青年、农村人员(农民工)逐年增长,构成我国求职人员主体;在新成长失业青年中,大约有40%为应届高校毕业生,而其余60%左右则为学历较低的青年劳动力(见图5-12)。由于低技能劳动力的规模仍然较大,传统优势产业也需要填补相应的空缺岗位,因此,向他们普及职业教育,使其拥有劳动力价格之外的比较优势,将有利于劳动密集型产业的可持续发展。

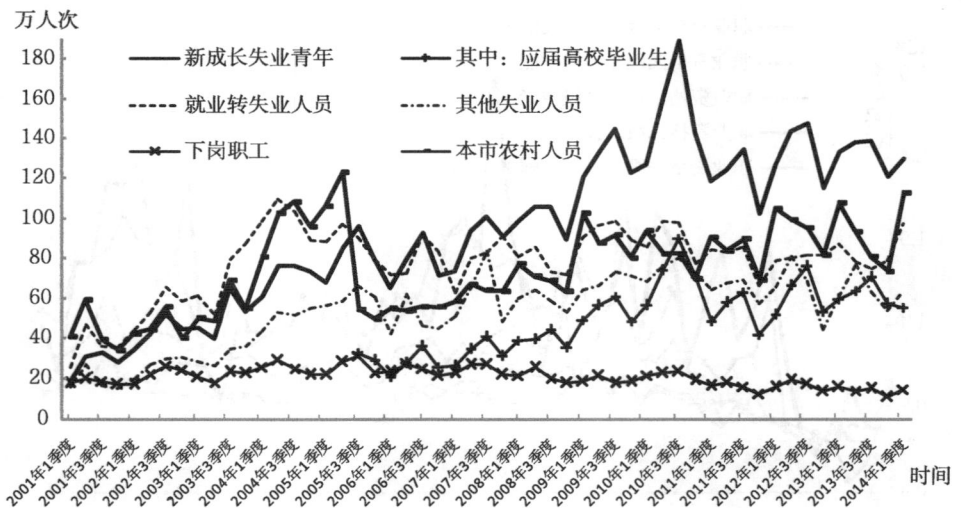

图5-12　不同类型求职人员❶

职业教育层次和类型并不足以保障产业完整性的要求。我国高等职业教育中研究生层次的职业教育定位和发展较晚,近年来专

---

❶ 中国人力资源市场信息监测中心.全国职业供求分析报告[R/OL]. (2015-01-01) [2016-04-22]. http://www.chinajob.gov.cn/DataAnalysis/node_1738.htm.

业型研究生相对于学术型研究生的规模有显著扩大,但是整体规模
仍然较小(见图 5-13、图 5-14),发展这一层次的职业教育不仅有助
于产业结构升级,也将为中高等职业教育学生提供更好的上升空
间。大学专科职业教育相对普通本科教育规模而言,有缓慢下行的
趋势,尤其是随着整体高等教育招生规模的下降,从 2011 年开始,
大学专科出现了明显的绝对量下降,因此如何在规模缩减的情况下
保障教育质量应是这一层次职业教育的发展核心。

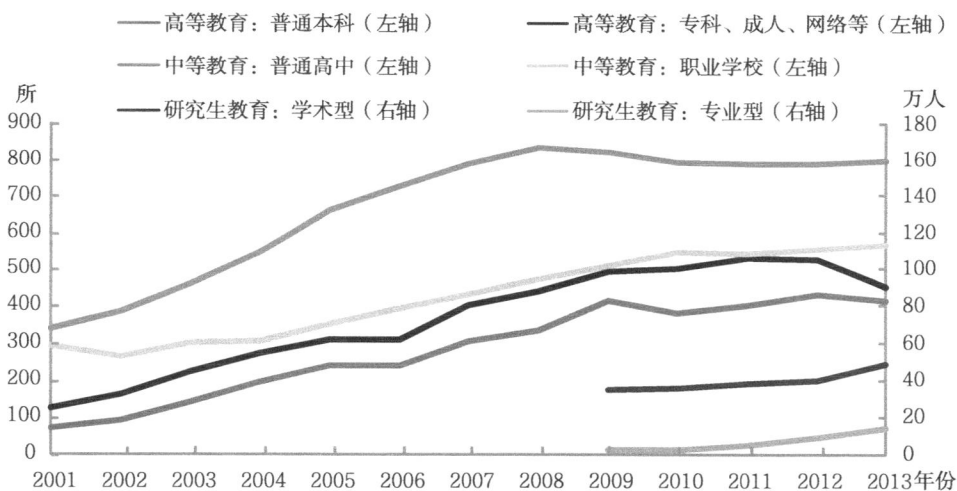

图例:
- 高等教育:普通本科(左轴)
- 高等教育:专科、成人、网络等(左轴)
- 中等教育:普通高中(左轴)
- 中等教育:职业学校(左轴)
- 研究生教育:学术型(右轴)
- 研究生教育:专业型(右轴)

图 5-13　各层次不同教育类型规模[1]

在中等教育层次阶段,中等职业教育的普及率一直较低[2],以
2006 年为转折点,职业学校相对普通高中毕业生规模经历了先下行

---

[1] 中国人力资源市场信息监测中心.全国职业供求分析报告[R/OL]. (2015-01-01)
[2016-04-22]. http://www.chinajob.gov.cn/DataAnalysis/node_1738.htm.

[2] ZHANG YUAN. Construction of public education service system and improvement of secondary vocational education[J]. Vocational and Technical Education, 2011(9):11-18.

后上升的趋势,2008年后,普通高中毕业生人数基本保持不变,或小规模缩减,而中等职业教育的毕业生增长并未停滞,增长率明显高于普通高中,因此未来需要给职业教育劳动力提供更多的上升空间。从教育层次上看,两者均是中间教育,但中等职业教育具备更多最终教育的特征,受教育者已经掌握了一定的实用技能,能更好地分流适应就业,不致累积到更高阶段的教育,出现高校毕业生就业难问题。因此,在扩大中等职业教育上升渠道的同时更应增强其培养人才的劳动力市场适应性。

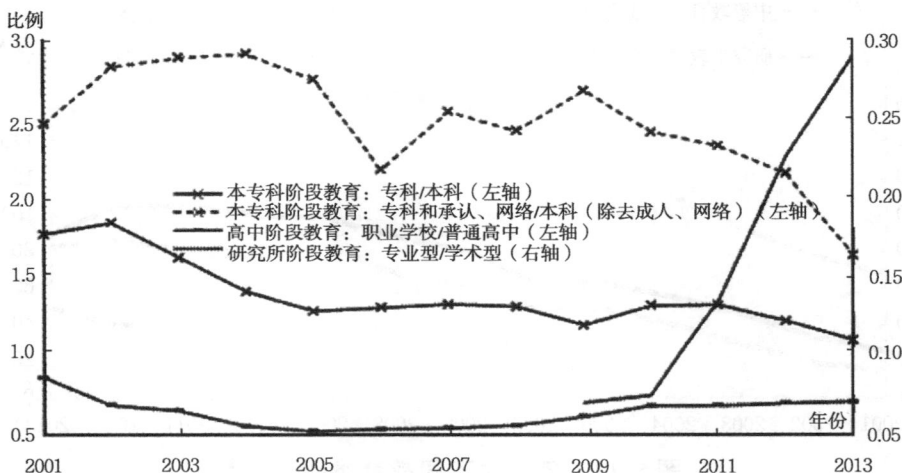

图5-14 各层次不同教育类型比重❶

5.4.3 产业关联度提升要求职业人才通识化

新型工业化的重要特征之一是产业关联度提升,也就是产业之间相互促进、相互协调、联合发展的趋势。这就要求相应的职业教

---

❶ 中国人力资源市场信息监测中心.全国职业供求分析报告[R/OL]. (2015-01-01) [2016-04-22]. http://www.chinajob.gov.cn/DataAnalysis/node_1738.htm.

育人才更为通识化,既掌握一门专业技术,又在多学科、多技能交叉的基础上积累多元化的知识体系。

新型工业化进程中,产业关联度提升有三方面的含义,第一,工业和服务业结合,制造业服务化趋势,为了获得更高的竞争优势和附加价值,新型工业化往往以加工制造环节为起点,向研发、营销、售后服务等环节延伸[1]。因此,与设计、产出和投资直接相关的生产性服务业,和与商品、人员配送、信息流通相关的配送性服务业,劳动力需求上升,而与个体和公共消费相关的个人服务业、社会服务业则并不显著[2][3](见图5-15)。然而,从职业教育不同专业的发展规模来看,与配送性服务业和生产性服务业直接相关的交通运输类、财经类、商贸与旅游类专业加总仅占职业教育总规模的20%,低于社会公共事务类、医药卫生类等与个人服务业、社会服务业相关的专业,也低于加工制造类专业(见图5-16),专业培养规模格局与服务业发展趋势存在一定程度的非一致性。

第二,产业关联度提升的另一重要表现是传统行业与信息化生产、服务方式相结合。信息产业本身发展及以信息化对传统产业的改造都是新型工业化的重要组成部分,并且从作用广度和影响深度来看,后者对一国产业转型升级具有更大的意义。从信息技术类职业人才的培养规模来看,从2001年到2005年,信息技术类毕业生大

---

[1] 刘继国.制造业服务化带动新型工业化的机理与对策[J].经济问题探索,2006(6):120-124.

[2] CASTELLS M,AOYAMA YUKO. Paths towards the Informational Society: Employment structure in G7 countries 1920-1990[J]. International Labor Review, 1994,133:5-33.

[3] 陈凌,张原.职业-产业就业结构变迁规律研究——来自中国1982-2000年数据的实证分析[J].技术经济,2007(9):1-8.

规模扩张,但很快就由于供给过剩而面临调整收缩,直至2013年,其下行趋势依然非常明显(见图5-15)。这表明职业技术教育对于信息技术类人才的供给定位和培养模式都存在一定的误区:一方面,信息产业本身对于职业劳动力的需求可能并没有预估地高,而且高新技术产业吸纳的人力资源具有较多知识性和学术性,职业人才的竞争优势并不明显;另一方面,2010年之后信息技术类和加工制造类职业人才双双下行,说明传统制造业技术工人和纯粹的信息技术类职业劳动力都面临过剩,而两者相结合的复合型人才却没有得到有效填补。职业教育需适应信息化的发展趋势,但其要义并不在培养更多的计算机、通信和网络工程师,而应考虑如何更好地将信息技术教育渗透到制造类、服务类等相关专业中,实现真正的技能融合。

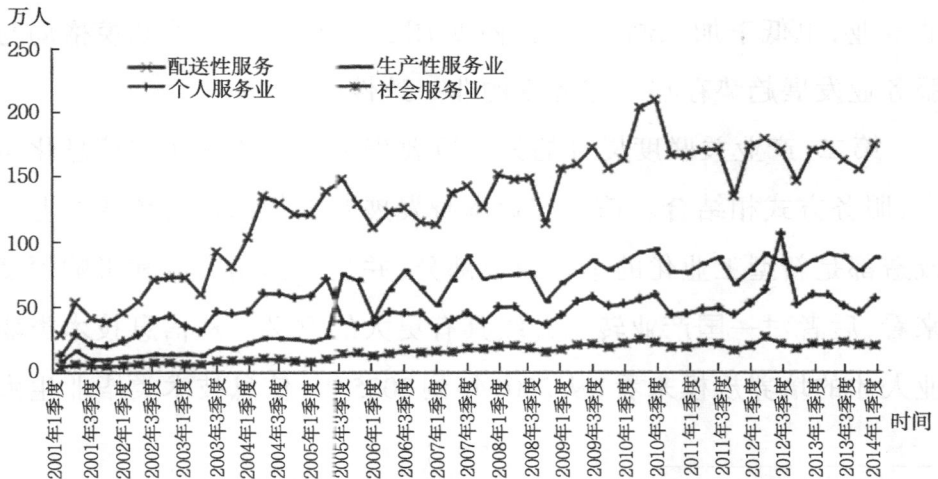

图5-15　不同类型服务业劳动力需求❶

---

❶ 中国人力资源市场信息监测中心.全国职业供求分析报告[R/OL]. (2015-01-01) [2016-04-22]. http://www.chinajob.gov.cn/DataAnalysis/node_1738.htm.

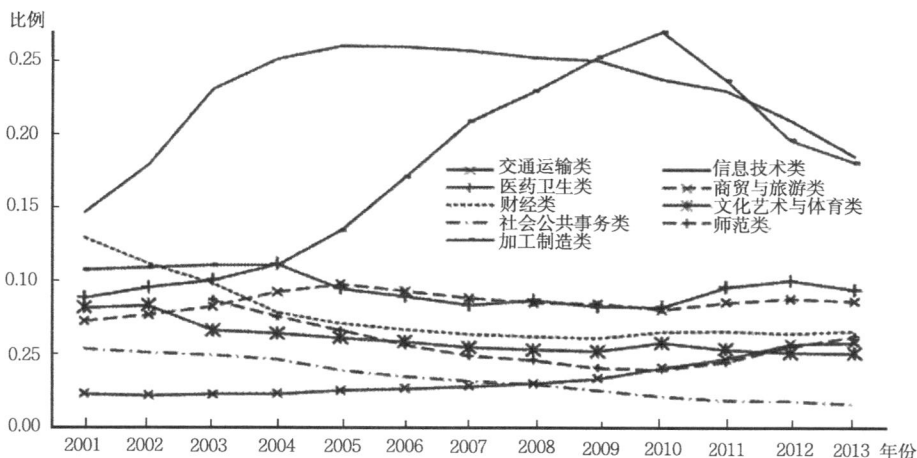

图5-16　分科类职业教育毕业生比重●

第三,产业集群联动性增强也是产业关联度提升的重要表现。新型工业化进程中的产业集群已经突破了地域概念,拓展到物联网(internet of things,IOT)生产模式意义上的产业集群,采用云计算数据中心、自动生产装配车间和智能化仓储系统相结合的模式完成传统产业集群无法实现的大规模定制。这一发展趋势要求技术工人具备更广的知识面和更快适应产品更新的灵活性;掌握并运用与智能化生产相关的信息技术;设计、营销和产品服务相关的职业人才需要具备较高的"大数据"分析能力,而这些通识技能的获得除了职业院校教育之外,更需要对传统产业集群中技能单向化发展的劳动力进行有效的职业培训。

● 中国人力资源市场信息监测中心.全国职业供求分析报告[R/OL]. (2015-01-01) [2016-04-22]. http://www.chinajob.gov.cn/DataAnalysis/node_1738.htm.

5.4.4　粗放型生产模式转型要求职业人才集约化

传统工业化大多以能源消耗、环境污染为代价,而新型工业化强调生态建设和环境保护,这意味着在工业的中间产品投入中,再生性资源比重相对非再生性资源比重上升,直接导致了职业人才需求的两方面的转变:生产对物质资源需求相对下降,对服务资源需求相对上升,工业化更加倚重现代服务业、金融业、物流业、商务、科研服务等领域的职业人才所提供的"柔性生产";在必须使用实物资源的时候,对于如何节约原材料,降低能耗、减少污染物排放、降低次品率也提出了更高的要求,因而要求一线产业工人具备更加适应轻型化和清洁化生产的意识、技术和创新能力。适应集约化生产模式的人才培养具有显著的行业特征,并且与企业生产方式之间有着很强的互动关系:职业人才创新推动粗放型生产模式转型,而集约化生产模式又进一步要求职业人才与之相适应,因此要求人才培养和生产方式转型之间密切结合。然而,中国职业教育在产教融合、校企合作方面的推进仍然存在不足,教学过程与生产过程的对接还存在制度性障碍。对此,2014年教育部就推进"现代学徒制"提出了一些建设性意见,然而,这一制度如何保障职业人才充分适应集约化生产模式的要求,仍然处在探讨和试点之中。

随着产业分工的深化和产业联动性的提升,深化产教融合成为有效培养职业人才的必经之路。一方面,职业院校仍需坚持校企合作、工学结合的发展思路,通过与行业领军企业共建研发中心、实验实训平台等方式来提升院校职业教育的产业适应性;另一方面,大型企业集团、特色企业或行业协会需要积极参与"现代学徒制"建设,通过对接职工教育、在岗培训和顶岗实习等方式提升职业教育的产业适应性。

对于职业技术院校而言,职业教育课程体系需满足人才培养精细化和通识化的双向要求。在精细化建设方面,课程建设需要适应产业分工、技术升级的需要,以专业教学标准和职业标准的联动开发机制为依托,推进专业课程内容与职业标准、技术标准相衔接,采取更加生动的项目教学、现场教学和工作过程导向教学形式。在通识化建设方面,需要在全面实施素质教育的原则下,将信息技术教育、生态道德教育、人文素养教育等内容贯穿培养过程,以选修课程和双学位课程为依托,培养一专多能的职业技术人才。

5.4.5 全球产业竞争格局变化要求职业人才国际化

与传统工业化面对的国际环境不同,新型工业化与产业全球化密不可分,因而要求职业人才具备国际视野和全球竞争力。一方面,随着新兴市场经济国家的日渐成熟,外商投资企业在选择投资目的地时,将更多地考虑工人素质提升所带来的投资收益,单纯的"低成本工资策略"会逐步退出历史舞台,制造业优势国之间的竞争将更多集中于产业工人的职业素质。另一方面,发展中国家自身的对外直接投资也逐渐增多,尤其是对于劳动力资源丰富的中国而言,对外投资还伴随着大量的劳务输出,而这些从事海外工作的产业工人就更需要具备国际化能力。

从2001年到2012年,我国在境外从事劳务合作、承包工程和设计咨询的劳动力从47.3万人增长到85.2万人,其中大部分为一线产业工人,除了技能欠缺之外,困扰这些劳动力的语言障碍、文化壁垒和法律制度都成为亟待解决的问题。随着"一带一路"国际战略构想的提出,中国与亚欧国家之间的产业合作进程将进一步加快,与之相关的交通对接、物流联盟、基础设施建设将直接拉动职业技术人才的需求和跨国流动,职业技术教育和培训的国际化势在必行。职业人才可以通过跨国企业或劳务输出目的地国的培训获得短期知识技能,但是其基本的国际化素质却需要在中、高等职业教育院校中逐步积累,然而,从目前的实际情况来看,院校教育的国际化进程比较缓慢,在国际化师资、教育硬件技术引进和学生对外交流方面均存在欠缺,尤其是在中等职业教育阶段,其国际化师资的引进多年来呈现滞后状况,外籍教师比重甚至从 2003 年仅有的 0.07%进一步下降至 2012 年的 0.03%,远低于高等教育的平均水平(见表 5-7),与职业教育人才培养的国际化趋势背道而驰。

表 5-7　劳动力对外交流和职业教育外籍教师状况[1][2]

年份	年末境外人员			中等职业教育			高等教育		
	对外劳务合作(万人)	对外承包工程(万人)	对外设计咨询(人)	专任和校外教师(万人)	外籍教师(人)	外籍教师比重(%)	专任和校外教师(万人)	外籍教师(人)	外籍教师比重(%)
2001	36.93	6.00	550						
2002	41.47	7.85	756				70.10	3495	0.57
2003	41.04	9.40	1125	63.88	402	0.07	106.36	4969	0.60

---

❶ 中华人民共和国教育部发展规划司.中国教育统计年鉴[M].北京:人民教育出版社,1949–2009.

❷ 国家统计局贸易外经统计司.中国贸易外经统计年鉴[M].北京:中国统计出版社,2001–2013.

年份	年末境外人员			中等职业教育			高等教育		
	对外劳务合作（万人）	对外承包工程（万人）	对外设计咨询（人）	专任和校外教师（万人）	外籍教师（人）	外籍教师比重（%）	专任和校外教师（万人）	外籍教师（人）	外籍教师比重（%）
2004	42.97	11.47	1043	65.18	260	0.05	124.33	6088	0.63
2005	41.94	14.48	1030	67.10	225	0.04	137.91	6228	0.58
2006	41.87	19.86	1350	71.19	334	0.05	150.91	9464	0.80
2007	47.52	23.60	1831	75.50	363	0.06	162.13	10141	0.80
2008	50.51	27.16	1396	77.70	281	0.04	169.91	11056	0.84
2009	46.71	32.69		78.25	295	0.04	176.47	11131	0.82
2010	45.03	37.65		78.27	237	0.03	182.08	11567	0.82
2011	47.01	32.40		79.17	310	0.04	185.29	13191	0.92
2012	48.84	34.46		79.06	213	0.03	191.12	13801	0.93

　　面对职业教育人才的国际化要求,中国需要建立培养和引进相结合的国际化职业教育体系,建立国内联通、国际互动的职业人才培养及流动网络。完善职业教育的国际合作机制,引进国外职业技术专家和职业教育师资,推进职业院校教师互派和学生交流,参与职业教育国际标准制定,开发与国际先进标准对接的技能专业标准和课程体系。以中国对外经济战略为导向,推进职业院校国际合作办学;以对外投资和项目建设为依托,发展符合海外生产经营的职业教育模式。

第6章 构建适应中国工业化发展要求
的职业人才教育制度

中国的工业化经历多年发展,产业结构已经呈现出后工业化阶段的特征,但是整体工业化发展并不平衡,尤其是在投资结构方面,物质资本和人力资本发展与使用不均,已经成为中国工业化持续推进的重大瓶颈,产能过剩、对外经济失衡,就业结构性矛盾突出、收入分配差距扩大、国内消费不足和地区间发展不平衡等问题都在一定程度上均与人力资本投资相对不足有关。从产业发展本身来看,尽管产业政策和共性技术发展战略均上升到国家层面,但与之相关的教育政策和职业教育制度却并不完善,人才培养体系的转型势在必行,当前职业技术人才培养中存在的体制性障碍也需要进行全面的改革。

6.1 建立层次完整、衔接流畅的人才培养体系

工业化发展对于提升综合国力、保障国家安全具有重要作用,这就需要建立完备的教育体系,通过在不同教育阶段渗透职业技术教育,建立良好的产业共性技术培养环境。20世纪90年代开始,日

本高中开始采用学分制,允许各类高中毕业生报考大学,扩大职业高中的升学机会,避免各类优秀人才被埋没,从而提高了职业高中学生的学习进取心。德国职业教育体系的各个层次也与普通教育相互交叉,为接受职业技术教育的人们提供了多种入门深造的机会。职业教育形成梯次性较强、螺旋式上升的结构,较高层次的职业教育以较低层次职业教育为基础,并且以一定的就业或实习经验为前提。发达国家为每一个职业教育人口提供了平等的竞争条件和多渠道的深造路径。

层次完整的职业技能人才培养体系首先要营造良好的社会氛围,改变传统观念,消除鄙视职业技术教育的现象,在义务教育阶段渗透职业教育,在中等教育阶段以职业教育的方式分流培养中等技术人才,在高等教育阶段提供制造业高级技能人才,同时建立完备的产业人才培训体系,满足各个层次的产业人才需求。完整的职业技术人才体系需要满足三个层次的需求:一是激发少年儿童的学习兴趣,了解基本的知识;二是全面发展中等职业教育和高等工程教育,进行制造业技能和知识的培养;三是开发在职人员职业发展和技术提高的培训。

对于不同层次的技术型人才,比如研究开发型人才、工程技术型和工艺设计型人才、生产一线高技能应用型人才和生产一线的技能操作型人才。由于其技术类型层次和应用范围不同,需要不同的培养方式与之相适应,不同的教育层次和教育类型也应体现各自特色。同时,要打通各层次和类型人才的横向与纵向流动机制,使得不同层次的人才具有不断提升的机会。对此,需要改变我国现有的工科人才培养目标与层次不够明确的现状,避免本科层次专业设置雷同和高层次技术应用型人才培养缺失的问题,改变研究生层次的产业学科专业薄弱的现状,建立完整的人才储备和支撑体系,解决复合型研发人才缺失的状况。

在国家层面,落实层次完整、衔接流畅的职业技术人才培养体系,需要加强职业技术人才发展统筹规划和分类指导,组织实施人才培养计划,加大专业技术人才、经营管理人才和技能人才的培养力度,完善从研发、转化、生产到管理的人才培养体系。建立国家层面的人才激励机制,加大对优秀人才的表彰和奖励力度。建立完善的人才服务机构,健全人才流动和使用的体制机制。积极推进产学研结合,加强产业人才需求预测,完善各类人才信息库,构建产业人才水平评价制度和信息发布平台。

在中等职业教育层面,随着工业技术的不断提升和人们对教育需求的不断转移,建立衔接中等职业技术教育与普通教育、高等教育的配套政策,使得中等职业教育和高等职业教育进一步沟通,甚至发展研究生层次的职业教育,已成为中国职业教育体系的迫切要求。我国中等职业教育还没有形成与普通高等教育和高等职业教育之间的双向沟通关系。由此需要不断推进不同阶段的教育分流,努力建立以中等职业教育为主体,初等、中等和高等职业教育相互衔接,职前职后培训相互贯通,并与普通教育、成人教育协调发展的职业教育体系。中等职业教育的院校中,除成人院校外,其余的在培养人才方面所提供的教育服务主要局限于全日制的学历教育,或职前教育,尚未建立适应终身教育的教育服务机制和模式,不能满足人们对中职教育多样化的需求。因此,只有调整现行政策,进一步完善我国职教体系,加强对中、高职衔接的支持力度,优先录取职校毕业生,将职校毕业生通向高职乃至通向普通高校的通道进一步打通,才能实现我国中等职业教育内体系的飞跃式发展。

在高等职业教育层面,基础好、办学传统悠久的工科大学应该打通本科和研究生教育,大力发展工程专业学位,把办学重点转移到研究生层次,在新兴学科或重要学科设置独立的研究院所,需要建设一批工程创新训练中心,打造高素质专业技术人才队伍,加强高层次制造业专业人才培养。一般的高等工程本专科院校则需要在必要的理论基础上,侧重工程实践和专业训练,注重实践环节,适当降低学术导向,加强技术教育的专业性和技能性,强化职业教育和技能培训,引导一批普通本科高等学校向应用技术类高等学校转型。中等职业学校则需要打造扎实、特色的制造类专业,加强师资力量、实训条件、经验设备,明确操作技能层次人才的培养定位,不盲目追求学历学位,建立一批实训基地,开展"现代学徒制"试点示范,形成一支门类齐全、技艺精湛的技术技能人才队伍。

在企业层面,需要积极参与经营管理人才素质提升工程和国家中小企业银河培训工程,培养造就一批优秀企业家和高水平产业经营管理人才。以高层次、急需紧缺专业技术人才和创新型人才为重点,参与专业技术人才知识更新工程和先进制造卓越工程师培养计划,加强企业与学校合作,有实力的企业研发部门要积极培养产业发展业急需的科研人员、技术技能人才与复合型人才。

同时,需要继续发展职业资格证书教育,广泛开展各种形式的转业转岗培训,使大多数上岗前的新增劳动力和失业、转岗人员再就业前都得到必要的职业培训,提高其职业技能。此外,普通中学应积极引进职教因素,丰富职业教育内容。建立与区域经济和社会发展需要相适应的学校与专业布局结构,优化资源配置,提高办学的整体效益。通过调整职业教育的布局结构,改变由于条块分割造成的学校重复设置、布局不合理、教育资源浪费的状况。与此同时,进一步加强骨干示范学校建设,发挥重点中等职业学校的示范性作用,努力提高办学规模、办学质量和办学效益。

6.2 建立机构、区域合作的人才开发模式

合作研究开发是产业创新体系的最有利开发方式:有利于广泛利用各方资源、提高技术开发效率,并且有利于产业共性技术扩散。在人力资源开发方面,也需要发展协同合作的模式。对于发展中国家而言,依靠政府、企业、大学、科研院所或者任何一种组织的力量来单独进行技术人才的培养,实力都还显得有些薄弱,而学习发达国家经验,联合上述各方力量,优势互补,高效整合多种资源则是人才开发的有效形式。

在政企合作方面,需要明确政府在人才开发中的定位,政府主要作用集中体现在提高教育资源配置效率、弥补市场缺陷、提供基础性教育公共产品等方面,寻找制约因素解除职业技术人才培养过程中的体制性障碍,维护人才市场的有序竞争,平衡人才开发和后续利用中的利益关系,建立保护人才和知识产权的法律制度。区域人才开发合作要靠政府引导、市场主导来进行,政府的主要职能是制定人才开发合作的原则和目标,构建相关的政策体系、制度框架

和公共服务平台,营造良好的开发合作环境。日本、韩国和德国的经验表明,注重在国家层面上开展大规模的产业技术人才培养,注重人才培养框架体系的顶层设计,集中一定资源来支持人才培养,从而以改变市场自发形成的较为分散的局面,有助于后发国家在较短的时间内赶超发达国家。

在明确政府作用界限之后,人才开发合作的形式、项目等要由市场来完成,要靠企业这个人才开发合作的主体来进行。根据企业各自的人才需求情况,设立相关配套的协作联络机构,实现人才布局与产业的有效对接。在这个过程中,企业要打破市场壁垒,建立开发合作的共同市场,建立人才资源信息共享机制,建立柔性引智和人才交流与合作渠道。❶

在这一过程中,区域间人才合作开发至关重要,政府、企业、大学和科研机构都需要参与建立区域人才开发合作联络协调机构,政府需要梳理各地现行的各类人才政策,消除人才开发合作发展的体制机制障碍,重点破除地区垄断和地方保护,丰富人才合作载体、拓展人才合作渠道,构建人才合作、技术流动的"大网络"。企业则需要打破市场垄断和局部利益至上,减少人才互挖行为,以产业集群和行业协会为依托,构建企业、集团和产业间人才共培机制。政、企、学各方可以协作建立专业机构,构建统一的人才评价标准、程序和流动规则,人才评价结果在区域内统一,并以此提供跨地区、跨行业的人才服务。

---

❶ 王利军.中部六省先进装备制造业人才开发合作研究[J].地域研究与开发,2011(4):23-26.

6.3 加强中等职业教育,服务农村和农民

随着中国工业化的推进,越来越多的农村剩余劳动力转移到工业领域,在产业粗放式发展的工业化早期和中期,这些低技能劳动力只需通过简单的培训或者通过工作中学就能实现就业。但是随着产业升级换代的到来,他们必须具备更高水平的技能才能满足岗位需要,同时,随着城市化的发展和第二代农民工的逐渐成长,他们必须学会更多的生存技能和城市生活知识。由此,增加对农民工的职业技术教育投入,不仅有利于工业产品的升级换代,也是实现人口转移的需要。

然而,由于我国长期以来城乡分割体系的弊端,许多地方缺乏由政府资助向农民工提供基本职业教育的机制,面向农民工的民办职业技术教育机构也较少,或者由于缺少政府的资助而导致学习费用居高不下,难以为继。从纵向比较来看,迁移到城市的农民工往往是农村中受教育程度较高的劳动力,而部分具有一定知识积累的劳动力对于接受高一级职业教育的欲望更为强烈;而且由于具有较高的人力资本,他们在城市工作的工资收入远高于在农村的工资收入,接受高等职业教育的支付能力也相对更大。然而,我国农村和农民职业教育的供给机制不健全,导致了这部分职业教育需求难以得到满足。

留在农村的人同样面临一系列的职业技能需求,随着农业产业化的不断发展,农业和工业的关系也更为密切,这就使得留在农村的人口也需要不断提高农业生产技术,学习手工加工技艺、农业产业经营技能、农业企业管理知识等。然而,由于缺乏足够的农民职

业教育的经费、农村职业教育机构,缺乏适合于农民职业教育的教材、优秀的职业教育教师和农业技术推广人员,农村职业教育质量低下的问题长期得不到解决,许多农村的职业学校虽然名为职业学校,但实际上是按照普通中学的模式进行教学。这些问题在中西部地区、少数民族地区更为突出。

对此,国家要采取有效措施加快发展农村地区、中西部地区、少数民族地区的职业教育,鼓励城市地区对农村地区、东部地区对中西部地区职业教育的发展给予多方面的支持、帮助,加强区域合作、校际合作。国家及各地要采取保护性政策和措施,扶持面向苦、脏、累、险等艰苦行业的中等职业教育。针对目前农村中等职业教育中的突出问题,需要通过增加经费投入、改善教师队伍建设和教材建设来实质性推进农村职业教育,降低基层政府对农村中等职业教育投资的欠账。随着我国工业化和城市化进展,农民工的中等职业教育也越来越迫切,随着新一代农民工逐渐成为我国产业职工队伍的主力军,发展中等职业教育供给和受众的多元化,应成为解决这一问题的主要途径。中等职业教育机构教师素质不高也是制约农村和农民职业教育发展的重要障碍。与学历教育和知识传授型教育相比,中等职业技术教育更要求知识与技能的双向结合。中等职业教育教师既需要掌握领先的专业知识,又要有过硬的专业技能,从而形成"复合型"人才的教职工队伍。中央财政应拨出专款在全国重点建设一定数量的专业教师和实习指导教师培养培训基地,并通过这些基地的建设,推动职教师资培训工作的开展,职业学校要积极吸收企事业单位优秀工程技术人员和管理人员到学校兼职任教,并鼓励专业教师到农村、企业、车间挂点锻炼,培养既有合格学历,又有专业技能的"双师型"教师。

经费不足一直是制约中等职业教育发展的重要因素。虽然近年来中职教育预算内教育经费呈逐年递增之势,但无论是增长的金额,还是增长的速度都与全国教育整体水平相差甚远。财政预算内中等职业教育经费占预算内教育经费的份额呈下降趋势,全国多数省、自治区没有按要求制定职业学校学生经费标准,教育费附加中用于发展职业教育的经费很少,各种所有制企业承担职业教育经费的机制普遍没有建立;许多地方没有落实利用银行贷款举办职业学校的政策,无法建立专项经费或利用助学贷款资助职校生。职业学校招生规模迅速扩张与缓慢增长的财政性经费根本不能满足其发展要求。由于经费严重不足,众多职业学校陷入一种恶性循环,即缺乏投入→办学条件差→教学质量差→学生就业难→影响职校声誉→难以招生→投入更少。从中等职业教育预算内教育经费的支出情况来看,我国中等职业学校生均预算内教育事业性经费支出呈现增长绝对数较低逐年增长趋势不明显和增长速度远低于普通高中的状态;中等职业学校生均预算内公用经费总额和增长幅度显著低于普通高中,且差距越来越大;中等职业教育的预算内基建支出水平非常低,基础建设投入远远滞后于教育事业的发展平均水平,表明政府并未有效发挥成本分担主体的作用。

经费不足不仅来自政府责任,还与经费的管理效率低下有关,由于多方办学、多头管理、布局不合理,造成条块分割、各自为政,不同系统和部门的学校之间争生源、争经费、争师资、争劳动指标,导致职业学校办学条件差,办学规模小,规模效益难以提高,这些均成为职业学校的发展瓶颈。对此,需要构建促进教育公平的中等职业教育财政体制❶,提高中央财政和地方财政投入比重,同时需要依靠多方面的办学力量,鼓励企事业单位、社会团体和公民个人捐资助学,合理确定职业院校的学费标准,提高国家投入经费的使用效能。

6.4　创新高等职业教育,提高教育质量

工业化国家的经验表明,职业教育在工业化中后期发展进入重要的转型期,从数量扩张迈向质量提升。进入工业化后期之后,尽管工业增加值增长速度让位于服务业,但是一国的职业教育依然可能深化发展,职业技术人才的高素质化倾向日趋显现。传统工业与服务业、信息产业的关系日益密切,这就要求其从业人员在掌握传统知识技能的基础上具有广泛的收集与处理新信息的能力、获取新知识的能力、分析与解决新问题的能力,甚至需要具备部分组织管理能力、综合协作能力、表达沟通能力和社会活动能力。一专多能的专业技术人才需要掌握机械化、数字化、智能化、信息化、柔性化、网络化综合研发技术,要善于把信息技术融入一线操作、研发设计和生产流通等各个环节,适应现代工业领域的信息化、光机电一体化要求,这类人才的培养直接考验着我国的大学分科培养体系。

世界上培养产业技术人才的工程教育模式多种多样,美国的"通才模式"着重培养学生的自然、社会和工程科学基础,德国的"专才模式"培养文凭工程师和博士工程师,既是专业学位,又是职

---

❶ 刘继国.制造业服务化带动新型工业化的机理与对策[J].经济问题探索,2006(6):120–124.

业资格。这两种模式在促进它们本国工业发展方面成绩显著。为了适应产业创新发展的需要,美、德的两种模式也在改革与发展之中。我国高等教育的模式介于美、德两种模式之间,但做法上又很不完善,因此人才培养与产业的发展的实际技术需求相互脱节,真正做到学科交叉渗透的较少。因此,在未来的发展过程中,教学内容、培养体系要进行综合性改革,使其能够集机械、电子、信息、材料和管理于一体,体现出先进制造学科综合性、系统性、先进性、创新性、敏捷性、可持续性等特征。

对于中国而言,三十多年的经济增长主要依靠的是劳动密集型和资本密集型的粗放式增长,表现为工业技术原创性不足和产品附加价值偏低,产业分工低端化现象严重。为了提高中国产业在全球分工中的地位,提升中国整合全球资源的能力和效率,我国提出了新型工业化的发展道路,职业教育体系建设成为人才强国战略的重要举措,也是中国促进经济可持续发展的战略选择,发达国家工业化进程中的高等职业教育发展规律为我国职业教育提供了重要的经验和借鉴,而中国经济结构转型的特点也要求职业教育政策具有前瞻性、长期性和战略性。

高等职业院校要认识到未来的职业技术人才需要具备更多适应新型工业化要求的理念、知识和技能,职业教育培养也需要有更强的知识性和前瞻性。资源能源型产业的转型、工业化与信息化并行甚至可能颠覆传统意义上的"蓝领"产业工人概念,中国的高等职业教育必须适应这样的一种发展趋势,才能保障自生和产业发展的可持续性。高等职业学校要密切产学研合作,服务区域和产业发展,重点服务企业特别是中小微企业的技术研发和产品升级。对于目前大学生就业中存在的种种问题,需要认真分析技能型人才和研究型人才的供给与需求结构,以职业需求为导向,以实践能力培养为重点,合理配置教育资源。提高专科层次职业技术教育的教学质量,同时探索发展本科层次的职业技术教育,建立产学研相结合的专业学位研究生培养模式,研究建立符合职业教育特点的学位制度和递进关系的升学模式,学校不盲目升格,不盲目兼并,形成定位清晰、符合市场和学科规律的高等职业教育层次体系。引导普通本科高等学校转型发展,采取试点推动、示范引领等方式,引导一批普通本科高等学校向应用技术类型高等学校转型,鼓励转设高等学校的独立学院定位成应用技术类高校,在招生、投入等政策措施方面,向应用技术类型高校倾斜。

6.5　构建培养、引进相结合的国际化人才培育机制

2011年,为贯彻党的十八大精神,落实《国民经济和社会发展第十二个五年规划纲要》和《"十二五"产业技术创新规划》,中国工业和信息化部连续发布了《产业关键共性技术发展指南(2011年)》和《产业关键共性技术发展指南(2013年)》,对开展产业关键共性技术开发研究工作,促进产业结构调整、加快经济发展方式转变提出了全面指导。2015年5月,国务院又发布了中国首个制造业强国战略——《中国制造2025》,作为我国制造业发展的第一个十年行动纲领,要求通过三个十年的努力,到新中国成立一百年时,把我国建设成为引领世界制造业发展的制造强国。这些构成了我国工业化发展过程中具有重大意义的政策体系。

《中国制造2025》对我国目前需要突破发展的重点工业领域定义为新一代信息技术、高端装备、新材料、生物医药等,而这些行业恰恰是急需紧缺专业人才集中的领域,我国新信息技术、高端装备制造业、新材料等行业的产品技术指标与发达国家相比还有不小差距,芯片制造、高档数控机床、自动化生产线等技术和设备与工业发达国家同类产品差距很大,急需一大批专业技术水平高和研发能力强的高端专业人才。

对此,我国一方面需要在青年学生和科研人员中培养拔尖人才,在高校和重点企业中建立行业重点人才培养基地,吸引优秀学生攻读相关紧缺专业,引导行业内科研院所、大企业参与高校人才培养的过程,包括课程设置、内容编排及实践环节的指导等,吸引高校学生参与科研院所和企业的科技创新工作。随着产业技术的不断革新,技术前沿推进的速度也在逐步加快,传统的一次性教育模式已不能适应新时代的要求,现有的培养模式、教育方法和手段已远不能满足职业技术人才培养的终身教育需要。这就要求教育部门要培养学生良好的自主学习和终身学习习惯与学习能力,同时大力发展工程继续教育,通过院校与行业合作,院校与企业合作,发展工程专业学位,完善终身培训教育体系。●另一方面,需要通过部分高专层次学校与企业合作,进行"订单式"的产业人才培养的试点工作,在这一过程中加强实训与沟通,从而更加有针对性地进行培养。

从英国的发展经验来看,引进人才与培养人才同样重要,尤其是要在短期内突破技术瓶颈,单纯依赖相关人才的自主培养不仅时

● 周玲.从制造业发展需求看高等工程教育的改革[J].大学教育科学,2004(3):38-41.

间较长,而且很难在短时期内触及全球发展的前沿。因此我国必须在大力吸引海外人才,尤其是工科留学生回国创业方面提供相关的政策配套和资金支持。改革开放以来,尤其是近10年来,中国通过多种途径资助大量学子到海外求学,现在已经进入了一个人才培养的产出高峰期。当前美国和欧洲国家为重振经济,重振制造业,对待留学生的政策也在调整,人才的争夺是世界性的。面对以美国为代表的西方发达国家对这部分人才的大量渴求所带来的巨大挑战,要求中国对海外人才采取更加积极的态度,从报酬体系、创业环境与创业平台的建设方面入手,不拘一格吸引海外人才回归,企业需要创新模式,通过委托开发、专利授权、众包众创等方式引进先进技术和高端人才。

工业强国目标的实现要求我国的产业发展直面全球竞争,因此我国产业技术的市场化、企业的"走出去"战略势在必行,我国政府也鼓励企业探索利用产业基金、国有资本收益等渠道支持高铁、电力装备、汽车、工程施工等装备和优势产能走出去,实施海外投资并购。同时加快"走出去"企业的支撑服务机构建设和水平提升,建立对外投资公共服务平台和出口产品技术性贸易服务平台,完善应对贸易摩擦和境外投资重大事项预警协调机制。"走出去"战略要求大量复合型、国际化的经营管理人才来实施。这些人才需要了解与工业产业相关的专业知识和经济管理方面的知识,善于管理规模大、专业化程度高的企业,同时熟悉相关领域的世界竞争格局,具有跨国企业的管理经验,具备参与国际竞争和防范市场风险能力。

这类国际化人才的培养要求教育体系从多方面入手。在院校教育层面,需要引进国际先进的教育理念,积极探索规范科学的中外合作办学模式及其管理机制;优化合作项目设置,构建合作契机,建设高水平双语教师队伍;大力引进和吸收国外优质教育资源,积极引进国外先进课程、原版教材、教学大纲、教学参考书籍及教育管理办法,大力推进中英文双语教学和全英语教学,创建中外合作专业精品课程和英语授课精品课程;同时,畅通教师、学生的交流途径和合作方式,制定了相关激励措施和政策,选派优秀的专业学生和教师到国外交流学习。在企业和研究机构层面,需要探索多种形式的联合培养模式,选拔各类优秀专业技术人才到国外学习培训,探索建立国际培训基地,❶依托政府资助、跨国公司交流项目与OECD、世界银行、亚洲开发银行等国际组织的人才服务和培训平台,培养具有国际视野、通晓国际规则,能够参与国际事务和国际竞争的拔尖技术经营人才。

---

❶ 周玲.从制造业发展需求看高等工程教育的改革[J].大学教育科学,2004(3):38-41.

参 考 文 献

[1] EL-AGRAA AM, AKIRA ICHII. The Japanese Education System with Special Emphasis on Higher Education[J]. Higher Education, 1985, 14 (1):1-16.

[2] Bundesministerium für Bildung und Forschung. Basic and Structural Data 1999/2000[R]. Berlin: Federal Ministry of Education and Research, 2000.

[3] WREN C, TAYLOR J. Industrial Restructuring and Regional Policy[J]. Oxford Economic Papers, 1999,51(3):487-516.

[4] CHONG JAE LEE. The Korean Experience with Technical and Vocational Education, Fourth ECA Education Conference 2007(10) [C]. World Bank and the Ministry of Education and Science of the Republic of Albania, 2007.

[5] RISSMAN ER. Can Sectoral Labor Reallocation Explain the Jobless Recovery[J]. Chicago Fed Letter, 2003(12):36-39.

[6] ZVEGLICH JE, YVDM RODGERS. Occupational Segregation and the Gender Wage Gap in a Dynamic East Asia Economy[J]. Southern Economic Journal. 2004,70(4):850-875.

[7] CASTELLS M, AOYAMA YUKO. Paths towards the Informational So-

ciety: Employment Structure in G7 Countries 1920−90[J]. International Labor Review, 1994,133:5−33.

[8] CASTELLS M. The Rise of the Network Society[M]. Malden: Blackwell Publishing, 2000.

[9] Ministry of Education & Human Resources Development. Korean Educational Development Institute, Brief Statistics on Korean Education [R]. MOE and KEDI, 2005.

[10] PETER LUNDGREEN. Industrialization and the Educational Formation of Manpower in Germany[J].Journal of Social History, 1975,9(1): 64−80.

[11] YOSHIHISA GODO, YUJIRO HAYAMI. Catching−up in Education in the Economic Catch−up of Japan with the US 1890−1990[R]. Tokyo: Meiji Gakuin University working paper, 2008.

[12] YOSHIHISA GODO. The Role of Education in the Economic Catch−Up: Comparative Growth Experience from Japan, Korea, Taiwan and the U.S[R]. Tokyo: Meiji Gakuin University working paper, 2007.

[13] YOUNWHA KEE. 韩国:职业教育培训发展及其体系[R]. 中华职业教育社——2009中国(长沙)国际职业教育论坛,2010。

[14] ZHANG YUAN. Construction of Public Education Service System and Improvement of Secondary Vocational Education[J]. Vocational and Technical Education, 2011(9):11−18.

[15] 白重恩,钱震杰.谁在挤占居民的收入——中国国民收入分配格局分析[J].中国社会科学,2009(5):99−115。

[16] 卜伟,李剑桥,徐黄华.我国制造业发展与其教育关联性研究[J].

宏观经济研究,2014(10):71-84。

[17] 曹雅姝,于丽英.韩国共性技术的创新发展对我国的启示[J].科学管理研究,2008(2):113-116。

[18] 曾文革,谭添.韩国共性技术制度的发展经验及对中国的启示[J].河南商业高等专科学校学报,2014(4):1-7。

[19] 陈继勇,周琪.中美高技术产品贸易失衡问题研究[J].湖北大学学报,2010(3):36-40。

[20] 陈继勇,周琪.中美高技术产品贸易失衡问题研究[J].湖北大学学报,2010(3):36-40。

[21] 陈佳贵,黄群慧,钟宏武.中国地区工业化进程的综合评价和特征分析[J].经济研究,2006(6):4-15。

[22] 陈凌,张原.职业-产业就业结构变迁规律研究——来自中国1982-2000年数据的实证分析[J].技术经济,2007(9):1-8。

[23] 陈凌,张原.中国的产业结构-职业结构变动研究[M].北京:中国劳动社会保障出版社,2008。

[24] 陈文举.法国、德国、挪威职业教育的考察及启示[J].教育与职业,2009(9):19-21。

[25] 陈小虎,刘化君,曲华昌.应用型人才培养模式及其定位研究[J].中国大学教学,2004(5):58-60。

[26] 程爱洁.韩国高等教育的发展历程及特点[J].上海理工大学学报,2005(9):72-75

[27] 杜两省.人力资本投资必须与物质资本投资相适应[J].学习与探索,1996(5):36-42。

[28] 弗里德里希·李斯特.政治经济学的国民体系[M].北京:商务印

书馆,1961。

[29]付卫东.制造业强国崛起与现代职业教育体系建设——日本的经验及启示[J].华中师范大学学报,2015(7):161-167。

[30]郭克莎.中国工业化的进程、问题与出路[J].中国社会科学,2004(1):5-11。.

[31]郭志明.近代德国职业教育发展所揭示的规律及其启示[J].教育理论与实践,1996(3):57-60。

[32]国家教育委员会职业技术教育司.中国职业技术教育简史[M].北京:北京师范大学出版社,1994。

[33]韩元建,陈强.美国政府支持共性技术研发的政策演进及启示——理论、制度和实践的不同视角[J].中国软科学,2015(5):160-172。

[34]"再接再厉 共促发展",二十国集团领导人第五次峰会上的讲话[EB/OL].(2010-11-12)[2016-02-21],http://news.xinhuanet.com/world/2010-11/12/c_12766973.htm

[35]李仲生.中国产业结构与就业结构的变化[J].人口与经济,2003(2):43-47。

[36]联合国人口基金.2011年世界人口状况报告:70亿人口世界中的人类和机遇[M].日内瓦:联合国,2011。

[37]梁国胜,李波.职业学校能否承担技术创新的重任[N].中国青年报,2006-08-1(006)。

[38]刘继国.制造业服务化带动新型工业化的机理与对策[J].经济问题探索,2006(6):120-124。

[39]卢卡斯.经济发展讲座[M].南京:江苏人民出版社,2003。

［40］罗伯特·索洛.经济增长因素分析[M].北京:商务印书馆,1999。

［41］孟仁振.制造业布局与高等职业教育空间耦合的实证研究——以长江三角洲地区为例[J].教育理论与实践,2012(18):18-20。

［42］裘元伦.200年发展观:欧洲的经历,中国社会科学院学术咨询委员会集刊(第3辑)[M].北京:社会科学文献出版社,2007。

［43］全面建设小康社会,开创中国特色社会主义事业新局面——在中国共产党第十六次全国代大会上的报告[EB/OL].(2008-08-01)[2016-02-26],http://www.gov.cn/test/2008-08/01/content_10614 90.htm。

［44］日本统计局.平成17年国勢調查最終報告書「日本の人口」上卷[M].东京:日本统计局,2011。

［45］孙德岩,赵树仁.日本职业教育一百年[J].教育科学研究,1986(10):43-46。

［46］中国台湾"教育部统计处".教育统计指标之国际比较[M],台湾"教育部",2011。

［47］谭冰.世界制造业中心形成与我国人才问题探讨[J].科技进步与对策,2005(5):166-167。

［48］王爱文,莫荣,卢爱红.中国就业结构问题研究[J].管理世界,1995(4):198-20。

［49］郭克莎.我国产业结构变动趋势及政策研究[J].管理世界,1999(5):73-83。

［50］王保安.中国经济发展与方式变革[M].北京:人民出版社,1997。

［51］王利军.中部六省先进装备制造业人才开发合作研究[J].地域研究与开发,2011(4):23-26。

[52]王小纯,梁式,王文军.面向新型制造业的机械类人才培养的探讨与研究[J].高教论坛,2009(10):32-35。

[53]王小军,赵函,黄日强.政府拨款:德国职业教育经费的重要来源[J].武汉职业技术学院学报,2010(9):91-93。

[54]王学风.台湾发展教育的基本经验[J].江西教育科研,1996(12):57-61。

[55]魏后凯等.中国西部工业化与软环境建设[M].北京:中国财政经济出版社,2003。

[56]西奥多·舒尔茨.论人力资本投资[M].北京:北京经济学院出版社,1990。

[57]小宫隆太郎编.日本的产业政策[M]. 黄晓勇等译,北京:国际文化出版公司,1984。

[58]许端阳,徐峰.英国共性技术选择的经验及其对我国的启示[J].科技管理,2011(5):31-34。

[59]亚当·斯密.国民财富的性质和原因的研究[M].北京:商务印书馆,1974。

[60]阎海防.日本:制造业人才缺失政府出资"救阵"[N].经济日报,2005-02-02(007)。

[61]杨克.中国制造业多元制技能人才培养模式研究[D].武汉理工大学,2009。

[62]叶萌.欧洲、美国和日本典型产业共性技术供给模式分析[D].武汉:华中科技大学,2007。

[63]伊藤元重.産業政策の経済分析[M].東京:東京大学出版会,1988。

[64] 于丽英,杜海涛.日本共性技术研发推广模式及机制分析[J].科技管理研究,2008(6):35-37。

[65] 袁冬梅.美国制造业重振面临的人才储备挑战[J].国际贸易问题,2012(4):49-58。

[66] 张梅莹.共性技术及日韩发展模式对我国的启示[J].企业导报,2013(22):180-182

[67] 张清辉,丁黎军.产业共性技术开发平台研究国际比较[J].中国管理信息化,2012(5):48-50。

[68] 张晓宇.各国制造业人才发展比较研究及对武汉的启示[J].科技创业月刊,2006(9):120-122。

[69] 张原,陈建奇.工业化进程中的职业教育体系发展的国际经验及对中国的启示[J].中国职业技术教育,2012(9):17-25。

[70] 张原,陈凌,陈建奇."民工荒"与"技工荒"并存的理论解释及证据——基于投资结构与就业均衡视角的研究[J].财经研究,2008(4):117-126。

[71] 赵立莹,赵景辉.英美制造业人才培养特点及启示[J].中国职工教育,2006(8):34-35。

[72] 赵曙明,陈天渔.经济增长方式转型与人力资本投资[J].江苏社会科学,1998(1):10-13。

[73] 中共中央关于制定国民经济和社会发展第十三个五年规划的建议(2015-11-03)[2016-02-24],http://politics.people.com.cn/n/2015/1103/c1001-27772701.html

[74] 中华人民共和国国民经济和社会发展第十二个五年规划纲要[EB/OL].(2011-03-16)[2016-01-24]. http://news.xinhuanet.com/

politics/2011-03/16/c_121193916.htm

[75]钟志华,张桂香,刘子建.现代制造业跨学科人才培养模式研究与实践[J].大学教育科学,2009(4):38-42。

[76]周彬,徐朔.澳大利亚TAFE与中国职业教育比较[J].开放教育研究,2003(10):54-56

[77]周加仙,石伟平.20世纪美国中等职业教育模式的历史演变[J].外国教育资料,2000(3):64-66。

[78]周玲.从制造业发展需求看高等工程教育的改革[J].大学教育科学,2004(3):38-41。

[79]周渭兵.未来五十年我国社会,抚养比预测及其研究[J].统计研究,2004(11):35-38。

[80]周晓杰,董新稳.当下我国职业教育质量问题及其对策探析[J].河北师范大学学报,2013(5):75-80。

[81]朱励群,李庆华.俄罗斯中等职业教育改革发展状况及启示[J].职业技术教育,2006(2):80-82。